Das Buch

In diesem Buch ist eine Auswahl von Festtagsleitartikeln und Essays von Heribert Prantl versammelt. Die Texte legen die journalistischen Puzzlesteinchen der Aktualität hinein in ein großes Mosaik. Die Texte handeln von Gott und der Welt; sie handeln von der Bedeutung, die Religion hat, und von der Rolle, die die Kirchen haben könnten. Ein Weihnachtsleitartikel aus dem Jahr 2008 hat dem Buch den Titel gegeben. Einige der Texte suchen nach Gewissheiten abseits der tagespolitischen Streitfragen. Manche Beiträge sind auch ganz persönliche Bekenntnisse – zum Beispiel der letzte Beitrag dieses Buches.

Der Autor

Heribert Prantl, Jahrgang 1953, ist Mitglied der Chefredaktion der *Süddeutschen Zeitung*, Chef der innenpolitischen Redaktion, Honorarprofessor für Rechtswissenschaften an der juristischen Fakultät der Universität Bielefeld, politischer Publizist und gelernter Richter und Rechtsanwalt. Prantl ist Autor zahlreicher Leitartikel, Kommentare und politischer Bücher. Er wurde unter anderem mit dem Geschwister-Scholl- und mit dem Kurt-Tucholsky-Preis ausgezeichnet.

Von Heribert Prantl sind in unserem Hause außerdem erschienen:

Alt. Amen. Anfang
Kindheit. Erste Heimat
Im Namen der Menschlichkeit

Heribert Prantl

Der Zorn Gottes

Denkanstöße zu
den Feiertagen

Ullstein

Besuchen Sie uns im Internet:
www.ullstein-buchverlage.de

Ungekürzte Lizenzausgabe im Ullstein Taschenbuch
1. Auflage September 2018
© der Originalausgabe: Süddeutsche Zeitung GmbH, München
für die Süddeutsche Zeitung Edition 2011
Alle Rechte vorbehalten.
Projektmanagement: Sabine Sternagel
Lektorat: Daniela Wilhelm-Bernstein
Umschlaggestaltung und Titelabbildung: zero-media.net, München
Grafik und Satz: Matthias Worsch
Herstellung: Thekla Licht, Hermann Weixler
Druck und Bindearbeiten: CPI books GmbH, Leck
ISBN 978-3-548-37663-9

INHALT

VORWORT

Die großen Fragen des Lebens und Sterbens, des Glaubens und Nichtglaubens in Leitartikeln: Ist das vermessen?

Der politische Journalist ist ein politischer Journalist, weil er über Politik schreibt. Dass er über Weihnachten und Ostern, über religiöse Mythen und über die ikonographische Laufbahn des Heiligen Josef schreibt, ist nicht ganz normal. Normal ist, dass er Leitartikel über Präsidenten und Kanzler verfasst, Kommentare über neue Gesetze und Verordnungen, Editorials über Skandale und Skandälchen. Er schildert und bewertet Parlamentsdebatten, er kritisiert Verfassungsänderungen, er warnt vor der Missachtung der Grundrechte. Er begleitet das Auf und das Ab von Regierungen, er analysiert die Geschäfte der drei Staatsgewalten; und weil er das tut, und weil die drei Staatsgewalten nicht ungerührt bleiben, sprechen diese bisweilen misstrauisch vom Journalismus als einer unlegitimierten vierten Gewalt. Dessen Legitimation ist aber die Pressefreiheit, dessen Legitimation ist der demokratische Auftrag, der daraus folgt.

Der politische Journalist spekuliert, er prognostiziert. Er sieht die Alten gehen und die Neuen kommen und sieht manchmal, wie die Neuen das Alte machen. Er erlebt, wie alte Probleme neu erfunden werden und wie neue lange brach liegen. Er beobachtet die politischen Moden, er beschreibt sie und bestimmt sie durch diese Beschreibung mit. Der politische Journalist schreibt über den politischen Alltag, von dem er glaubt, dass er daneben steht und ihn nur beobachtet. Aber er steht nicht selten mitten drin und ist ein Teil von dessen Alltäglichkeit; er ist dann ein Tümmler im Getümmel und ein Teil der Hektik, die er beklagt. Er versucht – es ist eine Kunst – Übersicht zu bekommen und dem Leser dann auf die Sprünge zu helfen. Und drei Tage später wickelt dann die Standlfrau am Viktualienmarkt die Rettiche in die Zeitung ein; und der Online-Kommentar ist in den Weiten des Internets verschwunden. Der Journalismus heißt nämlich deswegen so, weil er für den Tag gemacht wird. Er ist, nicht immer, aber auch nicht ganz selten, verderbliche Ware. Dabei ist die echte Aktualität nicht auf 24 Stunden beschränkt; sie wird aber zu oft zu Kleinmünze geschlagen und geschrieben. Man ist das so gewohnt.

Weihnachten und die anderen schönen Feiertage sind die Tage abseits des Gewohnten; sie sind das Echo des Heiligen. Sie unterbrechen den Alltag, auch den der Politik – auch den des Leitartiklers. Der Festtags-Leitartikel ist ein Geschenk, das er sich zu diesen Tagen selber macht. Er macht das so wie bei anderen Geschenken, die ihm wichtig sind: Er überlegt lange, was es diesmal sein könnte, er nimmt sich Zeit, sucht das Passende. Er fragt sich, ob das Geschenk dem Anlass entspricht – und ob es eine Brücke gibt vom Alltag zum Fest, und wie er sie schlagen könnte. Und so kommt er vom gewohnten Schreiben über das Zeitliche zum ungewohnten Schreiben über das Überzeitliche.

Von den Lügereien in der aktuellen Politik findet der Weihnachts-Leitartikler zur Frage, ob auch die Bibel lügt: Lügt die Weihnachtsbotschaft seit zweitausend Jahren, wenn sie den „Frieden auf Erden" verspricht? Womöglich ist ja ein solches Versprechen ein religiös getarnter Zynismus. Überhaupt: Wann ist der liebe Gott eigentlich lieb? Ärgert er sich, wenn man ihn „Allah" nennt? Und was hat es mit dem „Zorn Gottes" auf sich? Ist der Wunsch, in den Himmel zu gelangen, verdächtig? Er wäre es sicher, wenn unter diesem Vorwand das Leid auf Erden als unabänderlich ausgegeben wird.

Weihnachts- und Osterleitartikel

Das sind normalerweise nicht die Themen, die ich in meinen Leitartikeln behandle. Normalerweise geht es dort, wie gesagt, um den politischen Alltag, um Minister, Gesetze, Gerichtsverhandlungen und Urteile. An den großen Festtagen ist das anders. Dann interessieren mich nicht so sehr die aktuellen Koordinaten, sondern das Koordinatensystem. Vielleicht ist es vermessen, die großen Fragen des Lebens und Sterbens, des Glaubens und des Nichtglaubens in Leitartikeln abzuhandeln. Aber ich habe die Erfahrung gemacht, dass nicht wenige meiner Leserinnen und Leser diese Versuche schätzen, dass diese Versuche für sie Anregung sind, selber darüber nachzudenken, ob die alten Geschichten aus der Bibel nur alte

Geschichten sind oder mehr – und was sie einem heute noch zu sagen haben.

Die alten Wundergeschichten sind nicht nur deshalb Wundergeschichten, weil sie malerische Qualität haben. Deswegen sind sie faszinierend; überzeugend sind sie immer wieder deswegen, weil Erkenntnisse in ihnen stecken, die zur Wahrheit über das elementare Grundsätzliche des menschlichen Daseins führen können.

In diesem Buch ist eine Auswahl von Festtags-Leitartikeln und Essays versammelt. Die Texte legen die journalistischen Puzzlesteinchen der Aktualität hinein in ein großes Mosaik. Die Texte handeln von Gott und der Welt; sie handeln von der Bedeutung, die Religion hat, und von der Rolle, die die Kirchen haben könnten. Ein Weihnachtsleitartikel aus dem Jahr 2008 hat dem Buch den Titel gegeben. Einige der Texte suchen nach Gewissheiten abseits der tagespolitischen Streitfragen. Manche Beiträge sind auch ganz persönliche Bekenntnisse – zum Beispiel der letzte Beitrag dieses Buches.

Heribert Prantl

WEIHNACHTEN

Die Weihnachtsbotschaft verspricht „Friede den Menschen auf Erden". Kann es sein, dass dieses Versprechen eine Lüge ist – eine Lüge, um die Hoffnung am Leben zu erhalten? Wo ist der Friede zweitausend Jahre nach seiner Verheißung?

Die Wahrheit der Weihnachtslüge

In den Kinos läuft mit großem Erfolg ein Weihnachtsfilm. Das Christkind kommt in diesem Film nicht vor, es gibt keinen Stall, kein Bethlehem, keine himmlischen Heerscharen. Der Film hat aber eine frohe Botschaft. Sein Titel behauptet nämlich: „Das Leben ist schön".

Diese Behauptung ist ungeheuerlich, denn der Film spielt in der Hölle – in einem Vernichtungslager. Er handelt von einer jüdisch-italienischen Familie, die am Ende des Zweiten Weltkriegs in ein KZ deportiert wird. Der Vater spielt, um seinen kleinen Sohn zu schützen, um ihm das KZ-Leben erträglich zu machen, den Kasper. Er erfindet eine irrwitzige Lügengeschichte, um das Kindsein seines Kindes zu verteidigen: Er tut so, als seien all die Schrecknisse des Lagers Bestandteile eines großen Gesellschaftsspiels, bei dem man möglichst viele Punkte sammeln muss, um so den großen Preis, einen echten Panzer, zu gewinnen. Das Gebrüll der KZ-Wärter, das Verschwinden der Alten und der Kinder – jede Grausamkeit verwandelt der Vater mit panischer Heiterkeit in Stationen dieses Spiels. Selbst zu seiner Hinrichtung hampelt der Papa als feixender Pinocchio, um den Glauben des Buben an das Spiel zu erhalten. Am Ende sieht das Kind den versprochenen Gewinn: Ein Panzer fährt durchs Lagertor, die Amerikaner befreien das KZ.

Die Filmkritiker haben dieses Geschehen beredt interpretiert: Der Film erzähle von der Kraft der barmherzigen Lüge. Die Lüge, so haben sie gemeint, sei im Film ein Akt der Liebe, weil diese Lüge die Hoffnung am Leben erhalte. Eine Lüge, die Hoffnung macht – was daran soll weihnachtlich sein? Bekanntlich verspricht die Weihnachtsbotschaft „Friede den Menschen auf Erden". Ist es weihnachtlich, wenn dabei ein furchtbarer Verdacht aufkeimt: Kann es sein, dass auch dieses Versprechen Lüge ist – eine Lüge, um die Hoffnung am Leben zu erhalten? Eine Lüge, um die Menschen etwas glauben zu machen, was nicht stimmt, nie eintritt? Wo ist denn der Friede zweitausend Jahre nach seiner Verheißung? Seine Absenz wurde doch eben wieder, zum 50. Jahrestag der Verkündung der Allgemeinen Erklärung der Menschenrechte, tausendfach beklagt.

Lasst uns fressen und saufen

Realität ist aber nicht eine friedliche Weltordnung, die Realität sieht eher so aus wie im genannten Film. „Das Leben ist schön" – das ist unschwer als Lüge wider den Augenschein zu entlarven. Ist das Leben denn schön für die Kinder, denen im Irak die amerikanischen Bomben um die Ohren fliegen? Für die Frauen in Kabul, die der fanatischen Willkür der Taliban ausgesetzt sind? Für die Gefolterten in der Türkei? Für die Gesteinigten im Sudan? Für die auswandernden Arbeiter Nordafrikas, deren Odyssee vor der spanischen Küste in den Tiefen des Mittelmeers endet? Man muss auch gar nicht so weit ausgreifen. Wie schön ist denn das Leben für Millionen von Menschen in Europa, denen per Einschreiben mitgeteilt wird, dass sie nicht mehr rentabel, also überflüssig sind: „Sehen wir uns gezwungen, auf ihre Dienste zu verzichten." Wo ist die Schönheit in der so attestierten Nutzlosigkeit? Wo also soll der versprochene Friede sei, wenn die Menschen Angst haben müssen, wenn sich diese Angst in Hass gegen Ausländer verwandelt, in Hass gegen die Underdogs, die ihre Arbeitskraft zu Verzweiflungspreisen anbieten? Hoffnung: Sie könnte für all diese Menschen Selbsttäuschung sein darüber, dass sie in Wahrheit am ausgestreckten Arm Gottes verhungern. Wer es so sieht, der muss verzweifeln und er muss diese Verzweiflung irgendwie betäuben. Wenn Geschichte nichts anderes ist als eine immer größer werdende Ansammlung absurder, brutaler oder nichtiger Fakten, wenn es also in der Geschichte nichts gibt, was sie voranbringt – dann gibt es aus der Vergangenheit nichts zu lernen, dann kann die Hoffnung abdanken. Dann kann man die Dinge laufen lassen, wie sie laufen, und hat für das eigene Leben zwei Möglichkeiten.

Erstens: Man kann sich vor den Fernseher setzen und darauf warten, dass man wenigstens gut unterhalten wird. Das wäre also ein Leben, wie man es aus der Zeit der Pest kennt: „Bibamus, edamus, cras moriemur – laßt uns fressen und saufen, denn morgen sind wir tot." Wer dafür noch eine vulgär-philosophische Entschuldigung sucht, der kann sich auf den Fernseher den Spruch stellen, wonach „die Menschheit noch immer alle Katastrophen überstanden hat". Zweite Möglichkeit: Man wird zwar nicht zum Hedonisten, aber zum Sektierer. Man wartet also, weil man in der Gegenwart ohnehin nur resignieren kann, auf ein gewaltiges Ereignis, auf eine Katastrophe, die alles verschlingt oder alles neu macht: Vielleicht auf eine Zukunft, in der mit einem Schlag alles gut wird, weil eine endgültige Werteordnung errichtet wird. Also: Der Hedonist lässt sich vergnügt treiben, der Sektierer wartet auf die Apokalypse.

Die Kraft des guten Beispiels

Zurück zum Film, zurück zur Liebe des Vaters, die ihn (im schönsten Sinn des Wortes) eine Lebenslüge für seinen Sohn erfinden lässt: Was ist, wenn der Vater gar nicht gelogen hat? Man kann diese Geschichte nämlich ganz anders sehen als die Filmkritiker: Der Vater hat nicht gelogen, sondern versucht, eine neue Realität herzustellen. Mit seinem nur vermeintlich lächerlichen Widerstand, mit seiner ganzen Existenz, kämpft er gegen die Wirklichkeit und hebt sie aus den Angeln. Er konzentriert sich ganz auf das Kind und gibt so seinem Leben und Sterben neuen Sinn; er trotzt der Unmenschlichkeit ein Leben ab. Das Ende der Filmgeschichte ist ein Hinweis darauf, dass Hoffnung keine Schimäre ist, sondern Ahnung der kommenden Wirklichkeit.

Die frohe Botschaft lautet also so: Es stimmt nicht, dass nichts zu machen ist. Es stimmt nicht, dass Widerstand keinen Sinn hat. Es gibt kein historisches Gesetz, wonach Unmenschlichkeit exponentiell mit der Weltbevölkerung wächst, keine Zwangsläufigkeit, wonach Kontinente verhungern, der Meeresspiegel ansteigt, Regenwälder verschwinden oder ein Völkermord dem anderen folgt. Für all das gibt es Ursachen, und es gibt die Verantwortung, dagegen etwas zu tun. Es ist nicht sinnlos, Verantwortung für die Zukunft zu übernehmen. Weihnachten könnte also heißen: Wenn Gott Mensch werden konnte, dann kann wohl auch der Mensch menschlich werden.

Wenn sich Gott klein macht

Beispiele verändern die Wirklichkeit. Die Weihnachtsbotschaft ist ein gewaltiges Beispiel: Da macht sich Gott klein, lässt sich von einfachem Volk bewachen, er nimmt Stallgeruch an – so macht er die Menschen groß, weil sie sich nicht vor ihm klein machen müssen. Es gibt seitdem viele kleine und große Beispiele. Es gibt die wunderbaren Worte von den „guten Mächten", die Dietrich Bonhoeffer in tiefster Not, 1944, geschrieben hat. Es gibt die guten Mächte und die guten Kräfte unserer Tage: Amnesty International, Terre des hommes oder Pro Asyl. 1948, als die Erklärung der Menschenrechte ausgerufen wurde, gab es 15 Menschenrechtsorganisationen; 1993, bei der Menschenrechtskonferenz in Wien, waren es 1500. Kleine Beispiele: Immer mehr Menschen engagieren sich wieder ehrenamtlich, in sozialen Initiativen. Sie sind die Menschen „guten Willens", denen die Weihnachtsbotschaft den Frieden verspricht. Miteinander sind sie die Kraft der Veränderung.

Erschienen am 24.12.1998

„Und sie fürchteten sich sehr": Wir kennen die Geschichte von der Angst der Hirten, aber wir beachten sie kaum. Wenn man zum Fest Schafe, Ochs und Esel aus dem Zeitungspapier des Vorjahrs wickelt, kann man auf die Idee kommen, die Angst der Hirten vor dem Unerklärlichen mit unserer Angst vor den Groß- risiken der Industriegesellschaft zu vergleichen.

Vergiftete Weihnacht

Eine Weihnachtsgeschichte. Es ist die Geschichte einer Heimsuchung, geschrieben von Albert Camus: Irgendwann in den vierziger Jahren, der Schriftsteller lässt das Jahr offen, starb in der Stadt Oran eine Ratte, die Blut gespien hatte; dann starben zehn, dann hundert Ratten, dann starb ein Heer von Ratten, dann gab es das erste menschliche Opfer. Die Behörden leugneten die Symptome so lange, bis sie nicht mehr geleugnet werden konnten. Es war: die Pest.

Warum soll diese beklemmende Geschichte, die Camus 1947 erfunden hat, eine Weihnachtsgeschichte sein? Nun: Wenn man Rinder an die Stelle der Ratten setzt, dann ist man bei der Rinderseuche BSE, bei der Creutzfeldt-Jakob-Krankheit, dann ist man bei den Ängsten der Menschen im Jahr 2000. Die neue Krankheit ist so unheilbar, wie ehedem die Pest es war. Noch gibt es keine Epidemie in Europa, aber es könnte in wenigen Jahren eine geben; und die Angst davor, es ist die Weihnachtsangst 2000, wird nicht mehr verschwinden.

Aber nicht deswegen ist die Geschichte von Camus eine Weihnachtsgeschichte. Sie ist es aus einem anderen Grund: Während Handel und Wandel in der Stadt Oran zusammenbrachen, baute sich etwas anderes auf: Die Pest veränderte das moralische Klima der Stadt. Die Seuche weckte die elementaren Tugenden wieder auf: Liebe, Freundschaft, Solidarität. Camus schildert, wie Menschen einander beistehen, furchtlos und ohne Angst vor Ansteckung. Warum handeln sie so? Um mit sich selbst im Reinen zu sein.

Vergessene Tugenden

Der Erzähler kommt zu dem Ergebnis, „dass es an den Menschen mehr zu bewundern als zu verachten gibt". Das ist eine schöne, eine weihnachtliche Erkenntnis. Und das bleibt eine schöne Erkenntnis auch dann, wenn die Menschen (nicht nur die von Oran) mit dem Verschwinden der Gefahr auch ihre Tugenden wieder vergessen: Sie fallen zurück in die alten Fehler und Schwächen; die Pest der Seelen überdauert die der Körper. Es überdauert aber immer auch, das ist die Lehre der „Pest", das Gewissen – bloß dass es zu spät erwacht, erst in der allerhöchsten Not.

Bei Camus ist die Pest Symbol für das Unbegreifliche und Unfassbare. Heute heißt es auch Seveso, Bhopal, Tschernobyl, BSE – moderne Katastrophen sind verschieden, ihre Mechanismen sind aber gleich: Es geht um mehr Profit, mehr Wachstum, mehr vermeintlich gutes Leben. Und es gilt in allen Fällen die Lehre aus der Erzählung von Camus: Er fordert ein Aufbegehren gegen den absurden Kreislauf, in dem stets erst die Katastrophe geschehen muss, um die Verantwortung wieder zu wecken, mit der es zur Katastrophe gar nicht erst gekommen wäre.

Soeben hat das britische Unterhaus das Klonen menschlicher Embryonen genehmigt – die Gen-Industrie will sich lebende Lager für nachwachsende biologische Rohstoffe schaffen. Auf diese Weise könnten, so wird behauptet, schwere Krankheiten bekämpft werden. Doch die Folgen solcher biotechnischer Züchtungen werden sich vielleicht nicht mehr rückgängig machen lassen. Das bedeutet: Nicht alles, was machbar ist, ist auch erlaubt. Das haben, und damit ist man wieder im Umfeld von BSE, schon die Gefährten des Odysseus erfahren: Als sie das Verbot gebrochen und die Rinder des Sonnengottes Helios geschlachtet hatten, erschienen ihnen die Zeichen der zürnenden Götter: Die Häute begannen herumzukriechen, das Fleisch an den Spießen brüllte, und es klang wie Rindergebrüll.

Vor zweitausend Jahren waren, wie die alte Erzählung berichtet, Hirten auf dem Feld. Da geschahen plötzlich bedrohliche Dinge: „und sie fürchteten sich sehr." Wir kennen die Geschichte, sie gehört zu Weihnachten wie der Baumbehang, den man aus der Kiste holt. Wir beachten diese Angst der Hirten kaum, in der Weihnachtsgeschichte wird sie selten beachtet, bei Krippenspielen kommt sie nicht vor. Wer zum Fest Schafe, Ochs und Esel aus dem Zeitungspapier des Vorjahrs wickelt, käme nicht auf die Idee, die Angst der Hirten vor dem Unerklärlichen als unsere Angst vor den Großrisiken der Industriegesellschaft zu beschreiben. In der Weihnachtsgeschichte wird den Hirten ihre Angst schnell genommen. Da kommt ein Engel, und seine Botschaft können sie im nächsten Dorf, in Bethlehem, nachkontrollieren: Dort steht tatsächlich die Krippe. Der Engel hat zu Recht „fürchtet Euch nicht" gesagt.

Rindfleisch und Lukas-Evangelium

Bei den heutigen Ängsten ist das anders: Da kommt kein Engel, sondern der Landwirtschaftsminister Funke, und der sagt: „Deutschland ist BSE-freie Zone"; da kommt der Ministerpräsident Stoiber und erklärt: „Unser Rindfleisch ist sicher." Hinter der Ecke aber wartet schon der Gegenbeweis. Unsereiner ist also gewohnt, dass, wenn Politiker „fürchtet Euch nicht" sagen, das Gegenteil richtig ist. Nach der Atomkatastrophe von Tschernobyl erschien der Bundesinnenminister Friedrich Zimmermann auf dem Bildschirm und sagte: „Eine Gefährdung der Bürger ist absolut auszuschließen." Solches Abwiegeln verstärkt Angst. Wer die Gefahren nicht einmal benennen will, der will auch nichts gegen sie tun.

Woran und an wen soll man sich also halten? Der christliche Prediger tut sich da ziemlich leicht: Er tritt auf wie der Engel im Lukas-Evangelium und rät, dass man alles Vertrauen auf Jesus werfen könne. In seiner ungenierten Art fand das auch Martin Luther: „Sei ein Sünder und sündige kräftig, aber noch kräftiger habe Vertrauen auf Jesus, der ein Überwinder der Sünde ist." Das könnte den Fleischvergiftern und den Menschenexperimentierern so passen – das Überwinden der von ihnen angerichteten Katastrophen dem Herrn Jesus zu überlassen, statt es selbst zu tun.

So bequem sollen sie es nicht haben, und so bequem soll es ihnen auch der Bundeskanzler nicht machen. „Schuld sind wir alle", hat er nach dem Ausbruch der BSE-Krise gesagt: als sei der, der gern (und billig) Fleischwaren isst, in ähnlicher Weise schuldig wie der, der Kadaverfutter produziert und krankes Fleisch verarbeitet! Das ist so, als gäbe man dem Gast des Restaurants die Mitschuld daran, dass der Koch ihn vergiftet – nach dem Motto: Der Gast hätte ja nicht das billige Gericht bestellen müssen. Die Hinweise auf den exzessiven Fleischkonsum sind ja nicht falsch, aber die Schuldigen sollten damit nicht von ihrer Schuld ablenken können.

Der Angst Namen geben

Man spricht, wenn Angst so groß ist, dass man sie mit Worten überhaupt nicht ausdrücken kann, von „namenloser Angst". Also muss man ihr Namen geben. Wenn so getan wird, als seien alle schuld an den jeweiligen Katastrophen, dann sieht keiner Anlass, etwas zu ändern. Dann vertrauen die Wachstumsfetischisten weiterhin darauf, dass „das System" schon so blöd sein wird, die Risiken zu tragen. Indes: Die Sozialisierung der Risiken ist asozial. Noch gefährlicher als die Risiken der Industriegesellschaft sind die Geschäftemacher, die im Gemeinwesen ihr persönliches Profit-Center sehen. Dagegen aufzubegehren ist ein weihnachtliches Begehren.

Erschienen am 23.12.2000

*Sie finden immer einen Satz,
der passt: Dies ist das Kennzeichen aller Fundamentalisten.
Sie nehmen ihre jeweilige heilige
Schrift wörtlich, Buchstabe
für Buchstabe, Punkt für Punkt.*

Die Gewalt der Frommen

Er war kein ungebildeter Mensch, kein Einfaltspinsel, kein eifernder Schwätzer. Er hatte einen handfesten Beruf, der für Spinnereien nur maßvoll Raum lässt: Mohammed Atta war Stadtplaner, Architekt. Wie kommt so einer zu der Gewissheit, dass er in den siebten Himmel Allahs fliegt, wenn er mit dem Flugzeug richtig in den Tower trifft? Wie wird so einer zum Massenmörder im vermeintlichen Auftrag Gottes? Abitur, Studium und Diplom mindern offensichtlich die Anfälligkeit für wahnhaft religiöses Denken nicht. Im Gegenteil: Wissenschaftler haben auf das Phänomen hingewiesen, dass die meisten Aktivisten der zeitgenössischen fundamentalistischen Bewegungen ein technisches Diplom in der Tasche haben: Offenbar fördert eine solche Ausbildung die Neigung, Koran oder Bibel wortgetreu als Generalplan für die Erlösung der Welt zu benutzen.

Töten für das Paradies

Man findet immer einen Satz, der passt. Dies ist das Kennzeichen aller Fundamentalisten: Sie nehmen ihre jeweilige heilige Schrift wörtlich, Buchstabe für Buchstabe, Punkt für Punkt. Das gilt für die jüdischen Siedler in Hebron, die sich sicher sind, dass Gott ihnen Erez Israel, das israelische Großreich versprochen hat. Das gilt für die bibeltreuen Christen in Dallas, die Homosexualität, Abtreibung und die Evolutionstheorie als Frevel wider den Schöpfer brandmarken. Das gilt für die Hamas, das gilt für die Taliban, das gilt für die islamistischen Attentäter. Sie haben den Drang, den öffentlichen Raum nach der eigenen Glaubensüberzeugung einzurichten; sie erkennen eine Grenze zwischen Religion, Politik und Staat nicht an. Sie halten sich für die Ingenieure des göttlichen Bauplans und tun so, als habe Gott ihnen die Blaupause für sein Königreich auf Erden in die Hand gedrückt.

Ingenieure des göttlichen Bauplans

Daraus leiten die gewalttätigen Fundamentalisten erstens das Recht ab, jeden zu beseitigen, der ihnen bei der architektonischen Umsetzung des angeblich göttlichen Plans im Weg steht. Und daraus leiten sie zweitens die Gewissheit ab, dass das Paradies auf sie wartet, wenn sie sich dabei selbst opfern. Sie sind Fanatiker; fanum ist das Heiligtum. Der Fanatiker geht für das, was er für heilig hält, über Leichen, auch über seine eigene. Fichte, der deutsche Philosoph, hat die wahnsinnige Kraft, die darin steckt, so beschrieben: „Wer sterben kann, wer kann den zwingen?" Da helfen keine Cluster-Bomben; und es hilft, wie die erfolglose Vergeltungspolitik der Israelis gegen palästinensische Selbstmord-Attentäter beweist, gegen den Fanatismus auch keine Selbst-Fanatisierung. Da hilft nur eines: Die Bedingungen und die Verhältnisse zu verändern, in denen der islamistische Fanatismus, der aggressivste Fundamentalismus der Gegenwart, gedeiht und immer wieder nachwächst. Das dauert freilich sehr viel länger als ein Bombardement in Afghanistan.

Fundamentalisten vermögen alle Gewalt, die in einer Religion nur irgend da ist, freizusetzen. „Alles, was ich tat, tat ich für Gott", sagte Yigal Amir, der Mörder des israelischen Ministerpräsidenten Rabin. So sagte es auch Chomeini, als er seine Fatwa gegen Salman Rushdie verhängte und zum Kampf gegen die Gottlosigkeit aufrief. Und so sagen es die islamistischen Terroristen, wenn sie ihren Terror als gerechten Krieg preisen: Gott will es. Bernhard von Clairvaux, der große Heilige der katholischen Kirche, hat einst die Kreuzzüge mit ähnlichen Argumenten gerechtfertigt. Die Päpste versprachen Ablass der zeitlichen Sündenstrafen und ewige Seligkeit. Bei der Eroberung Jerusalems 1099 veranstalteten die Kreuzritter, so ein Augenzeuge, ein solches Gemetzel, „dass die Unsrigen bis zum Knöchel im Blut wateten". Anschließend plünderten sie die Häuser der Reichen und gingen sodann, „vor Freude weinend ..., um das Grab unseres Erlösers zu verehren".

Die Gewalttätigkeit des Christentums ist, Nordirland ausgenommen, Geschichte. Die Gewalttätigkeit des Islam ist Gegenwart. Der Papst hat sich vor zwei Jahren in einem öffentlichen Schuldbekenntnis für die Verbrechen entschuldigt, die die Söhne und Töchter seiner Kirche im Namen Gottes je begangen haben. Islamische Geistliche rufen noch heute zum Mord auf. Da hilft auch der Hinweis darauf wenig, dass der Islam in einer Zeit, in der das Christentum die Schwertmission praktizierte, zur Zeit der Omaijaden in Spanien also, ein Wunder an Friedfertigkeit, Toleranz und Gelehrsamkeit war. Das ist über tausend Jahre her – und zeigt, wie es sein könnte, aber nicht ist.

Zorn über das eigene Scheitern

Islamismus ist aggressive Unduldsamkeit: dumpfe Ablehnung, aufgestaute Wut gegen den Westen, gegen den Materialismus, gegen die Komplizenschaft mit korrupten Herrschern im Nahen Osten, gegen den Kultur-Imperialismus; Islamismus ist auch Zorn über das eigene Scheitern im Wettlauf mit dem Westen um Macht und Reichtum. Die Produktivität wird immer niedriger, die Geburtenrate immer höher. Die Gründung eigener Industrien war wenig erfolgreich. Die Ausrüstung der Armeen nach Weststandards hat keine Siege gebracht. Die Experimente mit demokratischen Institutionen sind – ausgenommen die Türkei – völlig gescheitert. Die desolate Lage der Muslim-Staaten wird als Folge nicht unzureichender, sondern übertriebener Modernisierung gesehen; man fühlt sich wie infiziert von einer Krankheit. Also kämpft man gegen das westliche Gesellschaftsmodell, das auf der Trennung von Kirche und Staat und der Anerkennung weltanschaulicher und politischer Pluralität beruht. Früher konnten die islamistischen Fundamentalisten dabei Unterstützung bei den Feinden des Westens finden, zuletzt war das die Sowjetunion. Seit es die nicht mehr gibt, sehen sie sich gezwungen, den Feind selber zu bekämpfen – mit Terrorismus. Und so kam es, dass, als das Gleichgewicht des Schreckens zu Ende ging, der Schrecken übrig blieb.

Zeitverschiebung

Der islamistische Fundamentalismus ist die religiös motivierte Generalabsage an die Moderne als kulturelle und politische Norm, so definiert es die Münsteraner Soziologin Karin Priester. Die Fundamentalisten fliehen aus der Welt, in der sie sich unterlegen fühlen, in die Hörigkeit geschlossener Kollektive mit autoritären Handlungs- und Lebensanweisungen, die sie dann der ganzen Welt aufzuzwingen versuchen. Diese Flucht wird zur Massenbewegung, weil sie sich mit berechtigten Affekten gegen die Globalisierung (als Synonym für alles Unheil) verbindet. Es geht den Islamisten um den Versuch einer Zeitverschiebung – zurück in die Zeit vor der Aufklärung, zurück in die absolute Unterwerfung des Menschen unter religiöse Dogmen, über die man nicht diskutieren darf, weil sie angeblich von Gott geschaffen sind. Gegen Gottes Wort gibt es keinen Protest, da werden Redefreiheit, Pressefreiheit, Glaubensfreiheit, Wissenschaftsfreiheit, da wird die Ausübung von Grundrechten zur Blasphemie.

Noch größer als die Gefahr, die von Selbstmordattentätern droht, ist deshalb die Gefahr, dass aus dem Islamismus, in der Nachfolge des Marxismus, die Religion der Armen wird. Gegen diese Gefahr hat die US-solidarische Allianz des Westens bisher nichts unternommen.

Erschienen am 24.12.2001

Warum fällt Gott, wenn er denn existiert, dem Bösen nicht in den Arm? Wo ist die göttliche Güte, Gerechtigkeit, Allmacht? Wo ist sie in den Dörfern Afghanistans, wo in den Folterkellern der Diktatoren? Wo ist sie, wenn Menschen an dem Leid verzweifeln, das über sie kommt? Es gibt die dunklen Seiten Gottes.

Wann bist Du lieb, lieber Gott?

Diese Weihnachtsgeschichte steht nicht bei Lukas und auch nicht bei Peter Rosegger. Sie handelt nicht von der Freude über Gott, sondern davon, wie man an ihm verzweifelt. Sie handelt davon, wie der vom Engel versprochene „Friede auf Erden" real ausschaut. Sie spielt nicht im Stall zu Bethlehem, sondern in einer Baracke zu Auschwitz. Dort sitzen die übrig gebliebenen Mitglieder eines Rabbinatsgerichts und machen ihrem Gott den Prozess. Sie sitzen zu Gericht über ihn wegen des Blutbades unter seinen Kindern, sie erheben Anklage gegen ihn wegen Feindseligkeit, Grausamkeit und Gleichgültigkeit. Im Morgengrauen wird das Urteil verkündet: „Wegen der ungeheuerlichen Unterlassungen, die er sich an seinen Kindern hat zuschulden kommen lassen, wird der Heilige, gelobt sei er, mit sofortiger Wirkung aus der Gemeinschaft ausgestoßen."

Wenn Menschen verzweifeln

Wer hat hier gefrevelt, die Ankläger oder der Angeklagte? Warum lässt Gott, wenn er denn existiert, Vernichtung und Ausrottung zu? Warum fällt er dem Bösen nicht in den Arm? Es ist eine Frage, die sich durch die Menschheitsgeschichte zieht – die Frage, mit der sich

Luther, Leibniz und Kant gequält haben. Der Prophet Jesaja zitiert diesen Gott so: „Ich bilde das Licht und schaffe die Finsternis, ich wirke Heil und schaffe Unheil." Dieses Selbstbekenntnis lässt wenig Raum für die Verteidigung Gottes. Wo ist die göttliche Güte, Gerechtigkeit, Allmacht? Wo ist sie in den israelischen Cafés, in denen sich Selbstmörder in die Luft sprengen, wo in den Dörfern Afghanistans und den Wohnsiedlungen des Irak, auf die die amerikanischen Bomben fallen, wo in den Folterkellern der Diktatoren? Wo ist sie, wenn Menschen an dem Leid verzweifeln, das über sie kommt?

Auf der Suche nach Antwort stößt man auf die Varianten, die Epikur vor über 2000 Jahren entwickelt hat: „Entweder will Gott die Übel beseitigen und er kann es nicht, oder Gott kann es und will es nicht, oder er kann es nicht und will es nicht, oder er kann es und will es. Wenn er es nun will und nicht kann, so ist er schwach, was auf Gott nicht zutrifft. Wenn er kann und nicht will, so ist er missgünstig, was Gott fremd ist. Wenn er nicht will und nicht kann, dann ist er sowohl missgünstig wie auch schwach und dann auch nicht Gott. Wenn er aber will und kann, was allein für Gott sich ziemt: Woher kommen dann die Übel, warum nimmt er sie nicht weg?"

Woher kommen die Übel

In ein paar Tagen werden die Jahresrückblicke erscheinen. Man wird darin die fast schon wieder vergessenen Katastrophen finden, die Terroranschläge und Flugzeugabstürze, die Toten in Tschetschenien, Irak und Israel, die Verirrungen der Politik, die verbrannten Astronauten, erschossenen Ministerpräsidenten, die in Bussen verunglückten Touristen, die Kriegsbilanz der USA und einen Hinweis auf die drei Millionen, die im Jahr des Herrn 2003 an Aids verreckt sind. Ein Hinweis auf Gott, der, wie das Kirchenlied meint, „alles so herrlich regieret", wird fehlen, unter anderem deshalb, weil auch so ein Rückblick zeigt, dass von herrlichem Regieren nicht die Rede sein kann. Man hat sich heute zwar nicht an Sonnen- und Mondfinsternisse gewöhnt, sehr wohl aber an die Gottesfinsternis. Auch die glühendsten Verfechter eines Gottesbezugs in der EU-Verfassung tun sich schwer mit der Erklärung, was dieser Gott eigentlich macht. Sie tun sich so schwer wie der Pfarrer bei einer Beerdigung, wenn er sagt, dass „Gott unseren Bruder abberufen hat", obwohl er weiß, dass es nicht Gott, sondern ein besoffener Autofahrer war. Die Gewissheit, dass das schon alles seinen Sinn hat, wie sie der Dichter Paul Gerhardt hatte, ist verloren gegangen. Angesichts der Trümmer seines im Dreißigjährigen Krieg niedergebrannten Hauses hatte der sich hingesetzt und das Lied geschrieben: „Die güldene Sonne / bringt Freud und Wonne." Sein Kollege Wolfgang Borchert hatte 300 Jahre später diese Glaubensgewissheit nicht mehr. Er fragte im Namen seiner Generation, die aus dem Hitler-Krieg in die zertrümmerte Heimat zurückkam: „Wann bist Du eigentlich lieb, lieber Gott? Warst Du lieb, als Du meinen Jungen, der gerade ein Jahr alt war, als Du meinen Jungen von einer brüllenden Bombe zerreißen ließest?"

Wann ist er eigentlich lieb, der liebe Gott? Offensichtlich an Weihnachten. Da ist er das liebe Christkind, da ist er klein, unkompliziert, unschuldig, possierlich. Da ist er Kind, Gott in nuce sozusagen, entwicklungsfähig, aber noch nicht strafmündig. Dieses Kind kann man also nicht anklagen, nicht haftbar machen, man kann es nur anhimmeln – und die Probleme, die man mit dem großen Gott hat, hat man mit dem kleinen in der Krippe nicht. Die dunklen Seiten Gottes (so der Titel eines tiefgründigen zweibändigen Werkes der Theologieprofessoren Walter Dietrich und Christian Link) sind bei dem Kind in der Krippe noch nicht sichtbar. Man kann ihm deshalb alles anhängen, was man für schön hält: Lametta, Kugeln, Weihnachtswünsche.

Feuer, Gericht und Vernichtung

Der große Gott ist ein schwieriger Gott, ein oft zorniger, rächender, grausamer. An ungefähr tausend Stellen des Alten Testaments ist davon die Rede, dass der Zorn Jahwes entbrennt, dass er wie ein fressendes Feuer Gericht hält und mit Vernichtung droht. Wenn man Psalmen liest, dann schaudert es einen. „Der Gerechte wird seine Füße baden in der Gottlosen Blut", heißt es da, und: „Wohl dem, der Dir vergilt, was du uns getan! Wohl dem, der deine Kindlein packt und am Felsen zerschmettert!" Wenn man heute solche Texte einem unbefangenen Amerikaner vorlegt, er würde darauf tippen, einen Text von Bin Laden vor sich zu haben. Und dann wieder Gebote von so hohem Anspruch, dass der Mensch darunter zerbricht: „Liebe deine Feinde!" Die Rachepsalmen, die Rachephantasien, so sagen es die Theologen, sind ein Aufschrei der Unterdrückten: Ein Gott, auf dem man Rachegefühle abladen darf, sei ja auch menschlicher als der, der Feindesliebe verlangt. Das Gottesbild der Bibel ist so schillernd wie die Realität des „Friedens auf Erden".

Schreckliche Größe

Es verlangt von dem, der an Gott glaubt, entweder ungeheure Naivität oder ein ungeheures Ringen – so wie im Abschiedsbrief des Jossel Rakover im Warschauer Ghetto: „Ich kann dich nicht loben für die Taten, die Du duldest. Ich segne und lobe Dich für Deine schreckliche Größe. Wie gewaltig muss Deine Größe sein, wenn sogar das, was jetzt geschieht, auf Dich keinen entscheidenden Eindruck macht." Das Aufbegehren gegen Gott ist ein menschliches Begehren. Das Aufbegehren gegen menschenverachtende Politik und gegen frivole Profitgier ist ein weihnachtliches. Weihnachten ist das Fest, in dem sich Gott klein macht, auf dass die Menschen verstehen, dass sie das Überwinden der von ihnen angerichteten Katastrophen nicht Gott dem Herrn überlassen können. So gesehen ist Weihnachten gar nicht so possierlich. Es verlangt ziemlich viel: orare et laborare – beten und arbeiten an einer besseren Welt.

Die eingangs zitierte Aufzeichnung vom Prozess gegen Gott in der Baracke von Auschwitz endet so: Es war zunächst, als hielte der Kosmos den Atem an. „Kommt", seufzte dann schließlich der Rabbi, „jetzt gehen wir beten".

Erschienen am 24.12.2003

Es gibt in der Kunstgeschichte
nur ganz wenige Bilder, in
denen der Schrecken auch
in den Stall von Bethlehem reicht.
Das eindrucksvollste dieser
Bilder hat Botticelli gemalt.
Auf dem Boden im Vordergrund
finden sich kleine teuflische
Wesen. Das heißt: Das Böse
ist da, auch in der heilen Welt.

Was in der Krippe fehlt

Jeder Atheist kann die einschlägigen Requisiten herunterbeten: Da ist der Futtertrog mit dem Kind, die Krippe also, daneben sind Ochs und Esel, Hirten, Schafe, Engel. Maria und Josef gehören zum Grundbestand, waren aber nicht immer dabei. In den frühen Jahrhunderten interessierte sich das Christentum weder für einen Vater noch für eine Mutter, sondern allein für das Kind. Statt Eltern hatte das Christkind Ochs und Esel. Der Ochse, unter das Joch des Gesetzes gespannt, stand für die Juden, der Esel für die Heiden – als Bild der Kirche aus Juden und Heiden. Maria saß abseits, an den Rand des Geschehens gerückt; erst nach ein paar hundert Jahren sieht man sie als Wöchnerin im Vordergrund. Und als sie dann ihren festen Platz im Krippenbild gewonnen hatte, fand auch Josef, in Andachtsstellung, den seinen. Die Gegenreformation hat die drei Hauptpersonen der Krippe zur Heiligen Familie formiert und den Christen als gottgefälliges Vorbild gegeben: Maria als Hausfrau, Josef als Zimmermann, und zu Füßen spielt das Kind.

Revitalisierung von Religion

Und so war Weihnachten moralapostolisch trefflich genutzt, waren die häuslichen Tugenden und das christliche Familienideal dauerhaft etabliert und mit der Marienverehrung verbunden. Auf diese Weise, und nicht mit Debatten darüber, wurden Werte geschaffen: Die heile kleine Welt entstand, die arm, sehr arm sein kann, in die das Unheil aber nicht hineinkommt. Die Apokalypse bleibt draußen.

Es gibt in der Kunstgeschichte nur ganz wenige Bilder, in denen der Schrecken auch in den Stall von Bethlehem reicht. Das eindrucksvollste Bild hat Botticelli gemalt. Er zeigt zwar alles, was zur klassischen Krippenszenerie gehört, er gruppiert in seiner „mystischen Geburt" die Engel und die Menschen kunstvoll zu einem großen Bild des Friedens. Wer aber genauer hinschaut, entdeckt, dass diese Szenerie „dem dämonischen Schrecken abgerungen ist" (wie dies der Grazer Kunsthistoriker Johannes Rauchenberger formuliert hat). Auf dem Boden im Vordergrund finden sich kleine teuflische Wesen, winden sich die Ausgeburten des Bösen, manche schon erschlagen, aber durchaus nicht alle. Das Böse ist da, auch in der heilen Welt.

Der Drache vor der Krippe

Botticelli hat die Wirren seiner Zeit mit ins Weihnachtsbild gesetzt; Oberitalien um 1500 lag im Chaos, Savonarola, der Florenz eine demokratische Verfassung auf christlicher Grundlage gegeben hatte, war als Ketzer verbrannt worden. In seiner Bildinschrift verweist der Maler auf die Apokalypse, auf das 11. und 12. Kapitel der Geheimen Offenbarung. Dort ist, freilich in ganz anderer Weise als im Weihnachtsevangelium, auch von einer Geburt die Rede: „Ein großes Zeichen erschien am Himmel, ein Weib, angetan mit der Sonne, der Mond unter ihren Füßen, auf ihrem Haupt ein Kranz von zwölf Sternen. Sie ist schwanger und schreit in Wehen und Schmerzen der Geburt. Und der Drache stand vor dem Weibe, das gebären sollte, um, wenn sie geboren hätte, ihr Kind zu verschlingen. Und sie gebar einen Sohn, einen Knaben."

Die theologische Interpretation hat zwar das „apokalyptische Weib" Maria zugeordnet. Doch wurde der Drache nicht zur Krippenfigur. Stattdessen hat sich das christliche Abendland die apokalyptische Symbolik anders nutzbar gemacht: Seit der siegreichen Seeschlacht bei Lepanto gegen die Türken im Jahre 1571 wurde die Mondsichel, die Maria unter den Füßen zertritt, als der Halbmond, also als das Symbol des Osmanischen Reiches, gedeutet. Und die zwölf Sterne der Geheimen Offenbarung zieren heute die Flagge der Europäischen Union. Es ist schade, dass die Ikonografie die dämonischen Wesen nicht auch zu Krippenfiguren gemacht hat, es ist schade, dass nur die Hirten, nicht aber die Dämonen am Feuer sitzen. So ist es nämlich in der Realität – am Feuer der jeweiligen frohen Botschaft wärmen sich auch die Fundamentalisten jeder Religion. Sie sind es, die ihren Anhängern die Welt als wohlgeordnetes Ganzes präsentieren, in dem jeder nur am vorgegebenen Platz stehen muss, auf dass alles stimmt. Der Fundamentalismus inszeniert die Welt als heimatliche Idylle, die er gegebenenfalls gewaltsam herstellt. Er nutzt die menschliche Sehnsucht nach Geborgenheit.

In einer Welt, die unübersichtlich geworden ist, wächst das Bedürfnis nach der Geordnetheit des Krippleins. Das ist der Kern dessen, was seit einiger Zeit als die „Revitalisierung von Religion" beschrieben wird, das ist wohl auch der Kern dessen, was hinter den Wertedebatten der christlichen Parteien steckt. Es ist das Verlangen nach Deutungsmustern und Praktiken, die bei der Bewältigung von Krisen helfen können. Der Fundamentalismus bedient diese Suche nach Geborgenheit besonders aggressiv. Er beutet sie aus. Er macht die Welt einfach, er macht sie zum binären System, wo gut und böse scharf geschieden wird.

Die Welt als binäres System

Es ist nicht so, dass die Leute nichts mehr glauben. Im Gegenteil: Sie glauben fast alles – je größer die Ratlosigkeit, umso lieber folgen sie denen, die so tun, als hätten sie den göttlichen Bauplan für die Erlösung der Welt in der Hand. Krisenzeiten sind Zeiten für Fundamentalismen. Das zeigt sich seit dem 11. September

2001 auch in den USA und der westlichen Welt. Es ist nicht so, dass der Fundamentalismus den Globus teilt – hier muslimischer Fundamentalismus, dort aufgeklärte Welt. Der Fundamentalismus durchzieht vielmehr alle Gesellschaften, er ist nicht kultur- und religionsspezifisch. Weil er das angeblich allein Richtige und Heilige vor sich herträgt, transformiert er die Gesellschaften ins Unheilige, ins Unheilvolle. Der Fundamentalismus ist die dämonische Seite jeder Religion. Er ist praktizierte Unduldsamkeit.

Die Leute glauben fast alles

Fundamentalisten ersetzen Demut immer durch Hybris oder Fanatismus – in allen Kulturen, in allen Religionen. Es gibt keinen Kampf der Kulturen, es gibt einen Kampf in den Kulturen. Tatsächlich gleichen sich die Fundamentalismen der verschiedenen Kulturen viel mehr, als es die Fundamentalisten wahrhaben wollen. Jeder wähnt sich vom Feuer seiner Religion erleuchtet und entwickelt dabei ähnliche autoritäre Muster.

Die klassische christliche Krippe hat immerhin Figuren parat, die zeigen, wie man kulturelle Spaltung überwindet: die Drei Könige. Der Stattlichste, Jüngste und Schönste ist der Fremdeste – der Schwarze. Das könnte heißen: Eine Gesellschaft muss Fremdes annehmen, sich bereichern lassen können, muss offen sein für das Ungewohnte und Neue. Das ist eine Botschaft wider den Fundamentalismus – also eine Weihnachtsbotschaft.

Erschienen am 24.12.2004

*Die Weihnachtsgeschichte
steht nicht nur im Lukas-
Evangelium, sondern auch
im Koran. Die Szenerie dort
ist wunderbar krippentauglich:
Zu Marias Füßen lässt der
Herr ein Bächlein fließen, reife
Datteln fallen auf sie herab.*

Grüß Gott –
aber welchen?

Im Jahr 2006 hat die deutsche Politik die drei Millionen Muslime in Deutschland entdeckt; der Bundesinnenminister hat ihre Vertreter zur ständigen Konferenz geladen. Wer nun am Ende dieses denkwürdigen Jahres eine adäquate Entdeckung machen will, kann sich und seiner Familie unter dem Tannenbaum eine Überraschung vorlesen: Die christliche Weihnachtsgeschichte steht nicht nur im Lukas-Evangelium, sondern auch im Koran. Zur Jungfrau Maria kommt, im Koran nicht anders als im Evangelium, ein Gottesbote, um zu verkünden, dass sie einen Sohn gebären wird.

Muslimische Weihnacht

Auch im Koran fragt Maria verdutzt, wie dies geschehen solle, „wo mich doch kein Mann je berührt hat". Der Engel des Korans antwortet wie der des Evangeliums: „Dennoch wird es so sein; denn dein Herr spricht: ‚Das ist mir ein Leichtes. Wir machen diesen Sohn zu einem Wunderzeichen für die Menschen.'" Marias Sohn wird also gezeugt durch ein Wort Allahs (ist aber im Islam nicht Gottes Sohn, sondern sein Prophet). Maria gebiert nicht im Stall, sondern unter einer Palme. Aber die Szenerie ist wunderbar krippentauglich: Zu Marias Füßen lässt der Herr ein Bächlein fließen,

und reife Datteln fallen auf sie herab. Und als man ihr der unehe-
lichen Geburt wegen Vorwürfe macht, beginnt das Kind auf ihrem
Arm zu reden und belehrt die Juden.

Diese 19. Sure soll im Jahr 616 von Muslimen, die nach Abes-
sinien ausgewandert waren, dem dortigen christlichen Kaiser und
seinen Religionsgelehrten vorgetragen worden sein; diese sollen darin ein Zeichen der Zusammengehörigkeit zwischen der neuen isla-
mischen Gemeinde und den Christen gesehen haben. Das ist 1390
Jahre her – von Zusammengehörigkeit und Gemeinsamkeit war in
all dieser Zeit nur wenig zu spüren. Die Geschichte von Christentum und Islam ist eine Geschichte gescheiterter Beziehungen. Zwischen 616 und 2006 liegen Kreuzzüge, heilige Kriege, Flugzeug- und
Rucksackbomber, Hass und Terror im Namen Gottes: „Ein Jünger
Allahs tötet mit gutem Gewissen; noch ruhiger stirbt er", so predigt es nicht etwa bin Laden, sondern der heilige Zisterzienser-Abt
Bernhard von Clairvaux; nur sagte er nicht „Jünger Allahs", sondern „Ritter Christi".

Wer die Wahrheit gepachtet hat

Die Fundamentalisten beider Religionen haben jeweils die alleinige Wahrheit für sich gepachtet und darum gekämpft, wessen Gott
der stärkere ist – der Gott der Christen oder der Allah der Muslime. So wurde aus dem Monotheismus der Christen und Muslime
ein heiliger Nationalismus, der noch viel schlimmer war als der
politische. Gott wurde zum letzten Motiv einer angeblich um des
Heils der Welt willen gerechtfertigten Gewalttätigkeit. Auch diese Erkenntnis hat (neben dem starren Dogmatismus der Kirchen)
dazu beigetragen, dass sich die Waage des Zeitgeistes im Westen
zu einem wabernden Pantheismus neigt: An die Stelle der Religion
des „einen Gottes" treten esoterische Schrumpfkulte, Hokuspokus
und romantisches Heidentum. Anti-Monotheismus gehört auch
zum geistigen Marschgepäck der Rechtsradikalen, die eine bizarre
Linie ziehen vom Bund Gottes mit Mose zur Schwertmission des
US-Präsidenten Bush.

Es ist jedenfalls nicht so, dass nichts geglaubt wird im Westen; die Leute glauben fast alles. Diese Gleich-Gültigkeit im Westen macht den Dialog zwischen Okzident und Orient asymmetrisch: Die Christen und die, die es einmal gewesen sind, tun sich schwer mit dem Islam-Dialog, weil sie weder dem muslimischen Glaubensstolz noch den religiösen Kenntnissen der Muslime viel entgegenzusetzen haben. Die Auseinandersetzung mit den glaubensbewussten Muslimen macht den Westlern, ob gläubig oder nicht, erst einmal ihre eigene Unkenntnis über die Grundlagen des Christentums klar. Über Gemeinsamkeiten und Unterschiede können sie nicht reden, weil sie das kaum kennen, was beim Reden über Leitkultur „christlich-jüdisches Erbe" heißt. Die Gleich-Gültigkeit im Westen macht den Vertretern der christlichen Kirchen Unterlegenheits-Angst – die sich im kleinlichen Verbot des Kardinals Meisner zeigt, an Kindergärten und Schulen gemeinsame Weihnachtsfeiern für christliche und muslimische Kinder abzuhalten.

Die Dreifaltigkeit Gottes: Vielgötterei?

Ist der Gott der Christen mit dem Allah der Muslime identisch? Das II. Vatikanische Konzil hat es 1964 so gelehrt: Die Muslime „beten mit uns den einen Gott an"; Papst Benedikt hat diesen Satz beim Weltjugendtag in Köln wiederholt. Ausgerechnet der Kölner Kardinal verlangt aber nun von den Muslimen, zu ihrem Gott zu beten, während er sich an den seinen halte. Er schürt so die alte, unselige Gotteskonkurrenz, er grenzt ab und benutzt dazu Gott. Der ägyptische Religionsminister Zakzouk hat diese Schwäche gespürt, als er sich bei einer Tagung der Münchner Katholischen Akademie fast scheute, über das ihm gestellte Thema, die „Dreifaltigkeit Gottes", zu reden, die seit jeher zu den großen Streitpunkten zwischen Christentum und Islam gehört. Die Christen tun sich unendlich schwer, die Trinität zu erklären, und die Muslime unendlich schwer, sie zu respektieren, weil sie darin Vielgötterei sehen. Der Religionsminister sah aber angesichts schon bestehender Entfremdung wenig Sinn darin, die Andersartigkeit der Religionen noch zu betonen; er wollte die Gemeinsamkeiten suchen. Das ist der Kern des im Okzident verkannten und im Orient pervertierten Dschihad, der nicht heiligen Krieg fordert, sondern ein „Sich-Ab-mühen auf dem Weg Gottes".

Ewige Konkurrenz: Gott und Allah

Gemeinsamkeiten finden: Das ist ein bisher gescheitertes Jahrtausend-Projekt – es stellt nicht nur eine religiöse, sondern eine politische Aufgabe: Die Aufnahme der Türkei in die EU könnte ein spektakulärer Höhepunkt, ein Leuchtturmprojekt sein sowohl für den Orient als auch für Westeuropa, wo zehn Millionen Muslime leben. Es ist riskant, aber von welthistorischer Kraft. Der Streit um die Türkei ist zur Fortsetzung des tausendjährigen Zwistes geworden, der vom rechten Umgang mit dem Islam handelt. Viele Gegner reden heute wie einst Bernhard von Clairvaux, Enea Silvio Piccolomini oder der Dominikaner-Mönch Ricoldus de Monte Crucis, der seine Erschütterung über die Eroberung der Kreuzfahrerfestung Akkon und den Untergang seines Klosters in seinem Werk „Wider den Koran" niedergelegt hat. Die Befürworter stehen auf einem Fundament der Annäherung durch Dia-log, das John Wiclif und Nikolaus von Kues gelegt haben. Man wünschte sich im Disput von heute die Kenntnisse, die die Respektabilitäten von gestern hatten.

　Es geht bei der Adoption der Türkei nicht um irgendeine weitere EU-Erweiterung, sondern um die summa historica – um die große Lehre aus der Geschichte, die nicht ein Nebeneinander, sondern das Miteinander dieser Religionen fordert. Und es wäre eine schöne Ironie der Geschichte, wenn ausgerechnet aus dem Miteinander der Religionen die Aufnahme der Türkei als das letzte große Projekt der europäischen Aufklärung entstünde. Diese Aufnahme beginnt nicht in Brüssel, sondern in Kindergärten und Klassenzimmern, zum Beispiel im Erzbistum Köln. Das ist die Weihnachtsgeschichte.

Erschienen am 23.12.2006

Ochs und Esel empören sich
über die politische Heuchelei,
die sich hinter dem Reden
über Kinderrechte verbirgt –
und stellen sich diesmal
neben einer leeren Krippe auf.
Eine Weihnachtskrippe, in
der kein Kind liegt, könnte
ein kraftvolles Symbol sein:
Ein Symbol für die Unbehaustheit, für die Verlassenheit und
den Notstand vieler Kinder.

Die leere Krippe

Früher hatte das Kind keine Eltern, sondern nur Ochs und Esel. Früher: das ist 1600 Jahre her. Die ersten Darstellungen von Christi Geburt stammen aus dieser Zeit – und darauf gibt es keine Maria und keinen Joseph, keine Engel, keine Drei Könige, sondern nur das Kind im Trog und diese zwei Viecher. Sie sind, durch alle Variationen der ost- und der westkirchlichen Kunst, das konstanteste ikonographische Element neben dem Kind. Das kommt wohl daher, dass erst Ochs und Esel dessen Liegestatt als Futtertrog kenntlich machen. Sie stehen da anstelle der geflügelten Wesen, die ansonsten die Throne der Mächtigen bewachen, und sie markieren die Krippe als einen Offenbarungsort.

Maria braucht ein paar Jahrhunderte, bis sie ihren Platz findet; und erst dann, als sie ihn fest hat, findet zögernd auch Joseph, in Andachtsstellung, den seinen; meistens darf er eine Kerze halten. Das Bild der Maria, die sich um ihr Kind kümmert, wandelt sich im Lauf der frühen Jahrhunderte; es wandelt sich zur Madonna, die das Kind anbetet. Und später, in der frühen Neuzeit, wird aus der sozialrevolutionären Maria des Magnificat ein Musterexemplar an Hausfrau, die brav am Spinnrad sitzt; der heilige Joseph wird zu einem Musterexemplar an Ehemann, der sich nicht aushäusig herumtreibt, sondern still im Hintergrund arbeitet; und das Kind wird zum Musterexemplar an Kind, demütig und den Eltern gehorsam, Exempel der Tugend.

Die so arrangierte Heilige Familie hat ihren mystischen Charakter verloren, sie ist keine Allegorie mehr auf die Dreifaltigkeit, sondern wird moralapostolisch genutzt; sie verkörpert nun die profanen Ideale der christlich-konservativen Hauslehre: Häuslichkeit, Keuschheit, Genügsamkeit. Diese Heilige Familie soll lehren, „wie man auch im Stande der Dürftigkeit und Armut heiter und zufrieden sein kann". So schreiben es die christlichen Haus- und Familienbücher vor hundert Jahren und ermahnen dazu, sein soziales Schicksal, also die Armut, gottgegeben auf sich zu nehmen und so „unermessliche Reichtümer für den Himmel zu sammeln". Aus dem Erlöser ist hier ein Vertröster geworden.

Verschwörung von Ochs und Esel

Ochs und Esel haben all diese Wandlungen und Interpretationen ertragen und sich auch nicht darüber beklagt, dass sie im Weihnachtslied-Repertoire nicht vorkommen. Sie haben erlebt, wie sich die Kirche bemühte, die Jungfräulichkeit Mariens zu erklären, wie aus der jungfräulichen Geburt eine Geburt ohne Schmerzen wurde, imaginiert als eine Art Lichtgeburt, wie schließlich alles Sexuelle zum Merkmal eines Befleckungssystems gemacht wurde und wie sich auch gute Katholiken schwer taten, wenn ihnen Maria und Josef als Vorbilder vorgestellt wurden: Was sollten sie anfangen mit dem Ideal einer asexuellen Josefs-Ehe, die bei wörtlicher Befolgung kinderlos bleiben musste, aber damit dann dem göttlichen Fortpflanzungsgebot widersprach? Die Heilige Familie ist als unheilige Familie eigentlich viel eher zum Vorbild geeignet: Wie aus problematischen, eher suspekten Umständen – Maria bekommt ein Kind und weiß nicht von wem, Josef muss als Ziehvater herhalten – Heil erwächst.

Ist es nicht ein Weihnachtswunder, dass auf so verwirrendem religiösem Grund so viel und so große Kunst entstanden ist? Vielleicht ist es auch ein kleines Wunder, dass so viele Leute, die sonst kaum mehr singen, sich an Weihnachten dazu bewegt fühlen, sei es aus Anteilnahme oder Pflichtbewusstsein, aus Rührung oder Erinnerung. Und wenn es so ist, dass Weihnachten die Menschen zum Singen bringt, dann könnte es ja sein, dass es auch die Tiere zum Reden bringt, wie das die Erzählungen von Jules Supervielle und viele Legenden für die Christnacht berichten. Wer Ochs und Esel da belauscht, hört freilich in der Regel nichts Tröstliches. In der Volkssage ist es oft so, dass die Lauscher von ihrem bevorstehenden Tod erfahren; manchmal hecken die Tiere auch einen pädagogischen Streich aus. Vielleicht empören sich Ochs und Esel in einem Jahr, in dem so viel von Kinderrechten geredet wurde, über die politische Heuchelei, die sich dahinter verbirgt – und präsentieren aus Protest diesmal eine leere Krippe.

Diese Krippe ohne Kind könnte ein kraftvolles Symbol sein: Ein Symbol für die Unbehaustheit, für die Verlassenheit und den Notstand vieler Kinder auch in einem Land wie dem unseren, das eines der reichsten der Erde ist. Die weihnachtliche Verehrung eines göttlichen Kindes wird nämlich in Frage gestellt, wenn Kinder ihre Kindheit als Leidensgeschichte erleben und verwahrlosen.

Der Notstand der Kinder

Die Volkskunst hat den Satz aus dem Johannes-Evangelium, wonach Gott „unter uns gewohnt hat", sehr wörtlich genommen und seine Genremotive daraus gewonnen. Wenn man das fortspinnt, dann steht die Krippe heute in einer Hartz-IV-Wohnung. Dort, wo sonst Ochs und Esel stehen, laufen Fernsehen und Video; die Eltern sind weg; es kommen nicht Hirten, sondern, wenn es gut geht, sorgende Leute vom Jugendamt; nicht Magier, sondern Nachbarn. Nicht der Stern, sondern ein kluges Recht weist den Weg in eine kinderfreundlichere Gesellschaft und weiß, dass Verlassenheit und Vernachlässigung nicht nur ein Armutsproblem, sondern auch ein Reichtumsproblem sein können.

Die Gesellschaft ist, ähnlich wie vor hundert Jahren, versucht, die Vernachlässigung von Kindern nur als individuell moralisches Problem zu sehen und etwa die Lebensumstände derer, die man als Rabenmütter bezeichnet, außer Acht zu lassen: Wer schwer belastet ist, dem wird ein Kind lästig. Die Zahl der Kinder, die von Hartz IV oder Sozialhilfe leben, steigt und steigt. Die Armut der Eltern ist wie ein Erbgefängnis für die Kinder.

Armut als Erbgefängnis

Die Debatte um einen Mindestlohn hat auch etwas mit Kindern zu tun: Es geht nicht nur darum, unter welchen ökonomischen, sondern auch unter welchen emotionalen Vorzeichen Kinder aufwachsen; Zufriedenheit der Eltern färbt auf die Kinder ab. Vor hundert Jahren empörte sich die Monatsschrift für die christliche Familie über Eltern, die „sogar den Wiegenkindern Branntwein geben, damit sie schlafen sollen". Und der Moralapostel fragte: „Ist es da zu wundern, wenn Eltern ihre unheilvolle Aussaat schrecklich aufgehen sehen?" Aber er verliert kein Wort über die Not der Eltern, die sich um ein schlafendes Kind nicht zu kümmern brauchten und dann ihrer Arbeit nachgehen konnten. Kinderbetreuungsangebote gab es nicht; es gibt sie noch immer nicht in ausreichender Zahl.

Junge Mädchen dekorieren ihre Ordner gerne mit Baby-Bildern: nacktes Baby mit Blume auf dem Kopf; Baby im Kürbis; Baby auf Blatt im See. Diese Bilder sind nichts anderes als die Idylle, welche die Weihnachtsverniedlichung vorgaukelt. Darum wäre es nicht schlecht, wenn die Krippe einmal leer bliebe. Das könnte die Überlegungen dazu beflügeln, was dieser Gesellschaft fehlt.

Erschienen am 24.12.2007

Es gibt auch einen anderen Jesus als den Jesulein-Jesus: Der steht mit heiligem Zorn im Tempel, stürzt die Tische um und wirft die Händler und Geldwechsler hinaus, die das „Haus des Vaters" zu einer Räuberhöhle gemacht haben.

Der Zorn Gottes

Nach dem desaströsen Jahr 2008, dem Jahr der geplatzten globalen Gier, möchte man eine andere Krippe aufstellen: nicht die mit den Schafen, Hirten und dem Jesulein-Jesus. Es gibt auch einen anderen Jesus: Der steht mit heiligem Zorn im Tempel, eine Geißel aus Stricken in der Hand, stürzt die Tische um und wirft die Händler und Geldwechsler hinaus, die das „Haus des Vaters" zur Räuberhöhle gemacht haben. El Greco hat diese Szene im Tempel öfter und lieber gemalt als die Geburt im Stall. Womöglich war sie auch den Evangelisten wichtiger. Über die Tempelreinigung berichten sie jedenfalls alle vier – Matthäus, Markus, Lukas und Johannes. Die Weihnachtsgeschichte dagegen steht nur bei Lukas und Matthäus.

Der Weihnachtskrippen-Jesus ist ein putziges Kind; der Tempel-Jesus ein gefährlicher Mann. Die Schriftgelehrten suchten von da an nach der Gelegenheit, ihn umzubringen. Die Weihnachtskrippe zeigt das alles nicht. Die Darstellung der biblischen Ereignisse beschränkt sich auf Herbergssuche, die Geburt im Stall, die Anbetung der Könige und die Flucht nach Ägypten. Nur ein paar sogenannte Jahreskrippen, wie sie da und dort in Wallfahrtskirchen stehen, zeigen mehr: die Hochzeit zu Kanaa zum Beispiel,

Kreuzweg, Kreuzigung, Auferstehung – und eben auch die Tempelreinigung, die ja nicht so heißt, weil Jesus den Tempelboden geputzt hätte, sondern weil er falsche Einstellungen hinauswarf.

Attacke gegen die Geldfabrik

Der Zorn Gottes macht den Theologen Schwierigkeiten, weil er nicht zu passen scheint zur sanftmütigen Radikalität der Bergpredigt. Aber wenn Gott Mensch geworden ist, wie es die Weihnachtsgeschichte sagt, dann tut es gut, wenn dieser Mensch so menschlich reagiert – und damit auch den Zorn gegen den Finanzkapitalismus, der die Bürger gepackt hat, erhebt. Immerhin steht der Zorn gegen die Ungerechtigkeit in biblischer Tradition. Der Prophet Jesaja grollt: „Deine Fürsten sind eine Bande von Dieben, sie lassen sich gern bestechen und jammern Geschenken nach. Sie verschaffen den Waisen kein Recht, und die Sache der Witwen gelangt nicht vor sie." Es ist dies nicht einfach ein wütendes Lamento, sondern Forderung nach Umkehr und Ankündigung der Läuterung. Es mag der Zorn sein, der die Kraft gibt, eine etwas bessere Welt zu schaffen – und womöglich damit bei sich selber anzufangen. So hat das Meister Eckhart im 14. Jahrhundert gepredigt: „Der Tempel, den Jesus reinigt, das ist unser Herz. Dort gibt es alles: die Angst und die Antwort darauf."

Die Tempelreinigung richtete sich vorderhand gegen ein paar kleine Händler, in Wahrheit ging es um eine demonstrative Attacke gegen die Geldfabrik, zu der sich der Tempel entwickelt hatte, gegen die Abkehr vom Eigentlichen. Sie war nicht die Aktion eines Randalierers, sondern eine prophetische Zeichenhandlung gegen ein korruptes System: Die kleinen Leute mussten damals ihre römischen Münzen umwechseln in eine Tempelwährung; den Kurs dafür setzten die fest, die davon profitierten. So verdienten sich die Großen des Tempelsystems, wie man so sagt, dumm und dämlich.

Zweitausend Jahre später heißen die Hohepriester anders, und die Methoden ihrer Abzockerei haben sich verfeinert – aber auch die neuen Hohepriester haben sich dumm und dämlich verdient.

Dämlich? Als ihr System platzte, ist es ihnen immerhin geglückt, die potentesten Regierungen der Welt zu einem Hilfe-Wettlauf zu bewegen. Haben sich die Staaten vor den Karren rein partikularer Interessen spannen lassen? Jedenfalls haben Regierungschefs und Präsidenten, die bis dahin für Schulen, Sozialhilfe und Universitäten kaum Geld hatten, Milliardenpakete zu Hypo Real Estate, Bear Stearns, den Landesbanken und anderen Finanzinstituten getragen. Das erinnert an die Heiligen Drei Könige, die dem Kind in der Krippe Gold, Weihrauch und Myrrhe darbrachten. Die Milliardensummen werden aber nicht einem Kind, nicht den Armen der Welt, sondern einem fressenden Finanzmarkt dargebracht. Das ist eine neue Epiphanie, die Selbstoffenbarung eines Systems, das der Konversion bedürftig ist. Es geht aber dabei weniger um die Änderung einzelner Spielzüge, sondern um die Änderung der Spielregeln. Das Problem ist weniger die Gier der Wertpapierhändler und Großmanager; das Regelsystem als solches ist korrumpiert. Also gilt es, dieses System menschenverträglich zu machen.

Der Esel von Goldman Sachs

In der Kulturzeitschrift „Die Gazette" findet sich ein Stücklein, welches das Gewese des Finanzmarkts pfiffig erklärt. Es geht so: Chuck kauft für 100 Dollar einen Esel. Das Tier stirbt vor der Lieferung. Chuck will sein Geld zurück, der Farmer hat es aber angeblich schon ausgegeben. Nun will Chuck den toten Esel, um ihn zu verlosen. Verlosen? Ich sag' den Leuten einfach nicht, sagt Chuck, dass er tot ist. Einen Monat später trifft der Farmer Chuck wieder. Was aus dem Esel geworden ist? Ich hab' ihn verlost, 500 Lose zu zwei Dollar verkauft und 998 Dollar Gewinn gemacht. Hat sich keiner beschwert? Nur der Kerl, der den Esel gewonnen hat. Dem habe ich seine zwei Dollar zurückgegeben … Die Erzählung endet mit der Anmerkung: „Heute arbeitet Chuck für Goldman Sachs."

Die Geschichte erklärt, wie Leerverkäufe funktionieren. Sie erklärt nicht, wie so ein Eselsmodell zum Weltfinanzprinzip werden konnte und was dagegen zu tun ist. Der Sozialethiker Oswald von Nell-Breuning predigte stets von der Börsenmoral und setzte in den sechziger Jahren des vergangenen Jahrhunderts darauf, den Kapitalismus „umzubiegen". Heute muss das Umbiegen beim Finanzmarktkapitalismus ansetzen. Die Biegeinstrumente liegen schon auf dem Tisch, die Milliardenpaket-Schnürer haben sie noch nicht angefasst. Da liegt der Vorschlag, die „Tobin-Steuer" auf Transaktionen mit Devisen, Wertpapieren und Derivaten zu erheben. Da liegt der Vorschlag, dass Finanzpapiere künftig zugelassen werden müssen, wie Medikamente auch. So sähen die neuen Instrumente der Austreibung und Läuterung aus.

Gotteslästerliche Ungerechtigkeit

Der Tempel von Jerusalem ist nur ein Symbol. Es gibt viele andere „Tempel", in und an denen Menschen nicht leiden sollen: den Staat, die Kirchen, die Wirtschaft, das Gemeinwesen. Verträglich geht es dort dann zu, wenn nicht nur dem Kaiser gegeben wird, was des Kaisers, und Gott, was Gottes ist – sondern auch dem Menschen, was des Menschen ist.

Von Jesaja bis Maleachi haben die Propheten Wirtschaftskriminalität und Korruption angeprangert, Gott als den Gott der Armen und der kleinen Leute verkündet und die Verlogenheit eines Kults angeprangert, der Gott benutzt, aber nicht ehrt. „Ich hasse eure Feste, ich kann eure Feiern nicht riechen, eure fetten Heilsopfer will ich nicht sehen, euer Harfenspiel nicht hören." Feiern angesichts schreiender Ungerechtigkeit empfindet der Prophet Amos als gotteslästerlich. Vor dem Feiern kommt anderes: „Das Recht ströme wie Wasser, die Gerechtigkeit wie ein nie versiegender Bach". Das ist eine zornige, strenge und tröstliche Weihnachtsbotschaft. Darin steckt das innere Feuer für eine bessere Lebensordnung.

Erschienen am 24.12.2008

Caspar, Melchior und Balthasar:
Drei Könige machen sich auf
den Weg, jeder für sich. Weil sie
dann miteinander an der Krippe
eintreffen, müssen sie sich irgend-
wo getroffen haben, verabredet
und auch darüber gesprochen
haben, was man schenkt und in
welcher Haltung und Reihenfolge
man sich dem Gesuchten nähert.
Das ist der Dialog, der Trialog
der Religionen.

Der Dreikönigsweg

M an muss sich das vorstellen: Wie der König Balthasar von seinem Elefanten herunterklettert, König Melchior von seinem Kamel, König Caspar von seinem Pferd – und wie die drei dann auf dem Weg zur Krippe ihre prächtigen langen Mäntel durch den Schafscheiß schleifen. Als Kind hat mir diese Vorstellung stets Vergnügen gemacht: Es liegt nun einmal viel Dreck auf einer Schafweide, auch dann, wenn ein geschweifter Leitstern den Weg dorthin gewiesen hat und soeben noch der Engel des Herrn bei den Hirten seinen glanzvollen Auftritt hatte.

Glocken und Minarette

Die drei Könige kommen also ein wenig verdreckt an beim Jesuskind, und das gefiel mir eigentlich ganz gut; weil somit erstens bewiesen war, dass Sauberkeit selbst bei den allerheiligsten Angelegenheiten nicht das Wichtigste ist; zweitens weil die Könige nicht nur im echten, sondern auch im übertragenen Sinn herunterkommen mussten vom hohen Ross. Man steht nicht prunkend und protzend vor seinem Gott, auch wenn der derzeit in Windeln liegt. Immer wieder hatte und hat man freilich den Eindruck, dass die Kirche glaubt, sie selbst liege in der Krippe und müsse also königlich verehrt werden. Das ist ein gefährlicher Irrtum.

Die Geschichte von den Heiligen Drei Königen gehört zu den großen Erzählungen der Christenheit. Für das Volk waren die drei Könige mit ihrer phantastischen Menagerie jahrhundertelang so etwas wie ein religiöser Zirkus Krone: Das exotisch Fremde hielt seinen Einzug in die Frömmigkeit, und das zauberhaft Andere lagerte in der ansonsten vertrauten, weil ins Heimische transportierten biblischen Szenerie. Die Krippenschnitzer, die Fassmaler und Vergolder haben sich seit jeher mit den drei Königen am meisten Arbeit gemacht. Im Heiligen Römischen Reich deutscher Nation galten sie als Reichsheilige, sie waren den deutschen Königen und Kaisern Vorbild und Fürbitter, weshalb diese nach ihrer Krönung in Aachen nach Köln zogen, zum Gebet vor dem Dreikönigsschrein.

Caspar steht für Europa

Eine große biblische Basis hat dieser schöne Dreikönigskult nicht. Die Geschichte steht nur in einem der vier Evangelien, bei Matthäus, und auch dort ist nicht die Rede von Königen, sondern, je nach Übersetzung, von persischen Priestern, Magiern oder Sterndeutern. Aber aus den knappen Sätzen beim Evangelisten Matthäus haben Phantasie, Volksglaube und christlicher Symbolismus viel gemacht. Die drei Könige verkörpern, so steht es in der Heiligenlegende, die drei Lebensalter und die drei in der alten Zeit bekannten Kontinente: Der als Greis dargestellte älteste König, Caspar benannt, steht für Europa; er bringt Gold als Geschenk. Melchior, ein König im besten Mannesalter, vertritt Asien, er überreicht Weihrauch. Der jüngste und schönste, der Mohrenkönig Balthasar, steht für Afrika und bringt die Myrrhe. Oft gilt auch Caspar als der schwarze und Balthasar als der alte König.

Wenn man die Dominanz und Überordnung der christlichen Kirche gegenüber anderen Religionen begründen will, lässt sich das mit den drei Königen gut bewerkstelligen. Sie, die andersgläubigen Herrscher, verlassen schließlich Land und Leute, um die Knie vor dem Gott der Christen zu beugen. So hat man die Epiphanie lange gesehen, und das war und ist dem Miteinander der Religionen nicht sehr gut bekommen. Wer sich nicht beugte, musste gebeugt werden, das war eine ungute Lehre aus Matth 2, 1 - 12. Damit wird bis heute römischer Monozentrismus und ein fordernder Anspruch zumal der katholischen Religion begründet. So kann man darlegen, warum allenfalls in einer hölzernen Weihnachtskrippenlandschaft „im arabischen Stil" ein Minarett stehen darf, nicht aber in der christlichen Schweiz.

Überlegenheit der christlichen Religion über die anderen? Man sollte die Dreikönigs-Geschichte nach 2000 Jahren mit einer anderen und verträglicheren Symbolik anreichern: Da machen sich drei Könige auf den Weg, auf die Suche nach Gott. Weil sie miteinander an der Krippe eintreffen, müssen sie sich irgendwo getroffen, verabredet und auch darüber gesprochen haben, wer was wie sucht und warum, was man schenkt und in welcher Haltung und Reihenfolge man sich dem Gesuchten nähert. Das ist der Dialog, der Trialog der Religionen – und dann sind Caspar, Melchior und Balthasar nicht, wie in der Legende, Vertreter von Erdteilen, sondern heute Repräsentanten der drei abrahamitischen Weltreligionen Christentum, Judentum und Islam. Das Christentum war vor zwei Jahrtausenden erst im Entstehen; den Islam gab es noch nicht; es gab den Zoroastrismus, dem die „Weisen aus dem Morgenland" in der klassischen Exegese zugewiesen werden. In Konkurrenz zum Christentum stand in den ersten Jahrhunderten der zoroastrische Mithras-Kult und der Manichäismus; heute ist es der Islam.

Im Wettlauf zu Gott

Die neue Interpretation der Dreikönigs-Geschichte könnte also sein: Man findet Gott nicht im Wettlauf, nicht im religiösen Wettkampf; man findet ihn miteinander. Gott findet der, der sich auf den Weg macht, sich ins Unbekannte führen lässt. Er findet ihn im Reden mit den Anderen und in der gemeinsamen Suche; manchmal muss dabei auch einer auf den anderen warten.

Jeder König hat sein Schicksal hinter sich. Jeder kennt den Fundamentalismus in sich, den Glauben, die alleinige Wahrheit gepachtet zu haben. Jeder weiß, wie aus Monotheismus heiliger Nationalismus wird, der schlimmer war und ist als der politische. Gott wurde und Allah wird immer wieder zum Motiv einer angeblich um des Heils willen gerechtfertigten Gewalttätigkeit. Die Könige treffen also in prekärem Zustand aufeinander.

Gott und Allah, ewige Konkurrenz?

Die Christen und die, die es einmal gewesen sind, tun sich schwer mit dem Islam-Dialog, oft auch deswegen, weil sie dem muslimischen Glaubensstolz und der Inbrunst vieler Muslime nicht viel entgegenzusetzen haben. Sie fürchten, dass die Zukunft der christlichen Vergangenheit verlorengeht. Die Auseinandersetzung mit den glaubensbewussten Muslimen macht vielen Westlern, ob gläubig oder nicht, ihre eigene Unkenntnis über die Grundlagen des Christentums klar. Die Angst vor dem Verlust der „christlichen Werte" ist ja hierzulande paradoxerweise gerade in jenen Milieus ausgeprägt, die von eben diesen Werten sonst wenig wissen wollen – während viele praktizierende Christen den interreligiösen Dialog suchen und pflegen.

Ewige Konkurrenz zwischen Gott und Allah? Was ist besser: Wenn aus einer christlichen Kirche, die überflüssig geworden ist, ein Supermarkt – oder wenn daraus eine Moschee gemacht wird? Gott ist der Gott, den auch der andere verehrt, aber jeder nennt ihn anders, erkennt ihn anders, preist ihn anders. Der eine baut ihm einen Glockenturm, der andere ein Minarett.Miteinander suchen, Gemeinsamkeiten finden. Das ist ein bisher gescheitertes Jahrtausendprojekt. Es ist der Weihnachts- und Dreikönigsweg.

Erschienen am 24.12.2009

Wikileaks versucht, Geheimnisse der Macht aufzudecken. Weihnachten aber ist das Fest der Ohnmacht und, vielleicht, das Geheimnis der Kraft, die aus Ohnmacht erwachsen kann. Der heilige Franziskus, Oscar Romero, Dietrich Bonhoeffer und Martin Luther King haben gezeigt, wie das geht.

Geheimnis und Mysterium

Der Mann tritt auf wie der Prophet eines neuen Zeitalters. Er hält Reden an „die Welt" und fordert „die Welt" auf, seine Arbeit und seine Leute zu schützen. Seine Arbeit besteht darin, vertrauliche und geheime Papiere im Internet öffentlich zu machen; und alle, die bei dieser Tätigkeit mithelfen, sind „seine Leute". Die Wirkung, die Julian Assange und seine Organisation Wikileaks mit dieser Arbeit erzielen, ist bemerkenswert: Assange stürzt zwar nicht die Mächtigen von ihrem Thron, aber er rüttelt daran.

Die Dinge hinter den Dingen

Der Mann wird deswegen von den einen gehasst und von den anderen gefeiert. Er ist ein profaner Missionar mit Märtyrertouch. Die staatliche Verfolgung, die er wegen echter oder angeblicher privater Verfehlungen zu erleiden hat, gilt seinen Anhängern als die Rache der Mächtigen. Die Anhänger nehmen diese Verfolgung daher zum Anlass für die Seligpreisung ihres Idols. Er ist ihr Evangelimann: Selig sind die, die Verfolgung leiden um der Wahrheit willen.

Julian Assange hat die Fähigkeiten, die Mittel und Möglichkeiten, Verdecktes aufzudecken. Mit eben diesen Gaben wird im

Alten Testament der Prophet Daniel beschrieben – der deswegen zu König Belsazar gerufen wurde. Belsazar hatte bei seinem Festmahl den geraubten Jerusalemer Tempelschatz entweiht, worauf eine geheimnisvolle Schrift an der Wand erschienen war. Das „Menetekel" wurde sodann von Daniel entschlüsselt: Die Tage der Herrschaft des Königs Belsazar seien von Gott gezählt, der König sei von ihm gewogen und für zu leicht befunden worden, sein Reich werde zerfallen. In der Nacht wurde Belsazar umgebracht. Das im Menetekel angekündigte Schicksal erfüllte sich also.

Im Unterschied zum Propheten Daniel entschlüsselt Julian Assange nichts, er entdeckt nicht eine Botschaft hinter dem Text, den er veröffentlicht; er veröffentlicht ihn nur, nichts weiter. Wenn irgendwo wirklich ein Menetekel geschrieben stünde – Wikileaks würde es einfach ins Internet stellen; enträtseln müssten es dann andere. Wikileaks entdeckt nicht die Dinge hinter den Dingen, zieht aber die Dinge ans Licht. Wikileaks ist der Geheimdienst der Internet-Gesellschaft, der die Betriebsgeheimnisse von Staaten und ihrer Militärs veröffentlicht und damit auch ihre Lügen, Heucheleien oder Gemeinheiten aufdeckt, der aber selbst im Dunklen bleibt.

Wikileaks als „Wahr-Sager"

Wikileaks praktiziert eine Art von säkularisierter Prophetie: „Wahrsagen" im Wortsinn; die „Wahrheit" soll an den Tag. Es wird dabei nichts geweissagt und nichts verheißen. Die Kritik an der Vergangenheit und der Gegenwart besteht allein in der Entdeckung ihrer kleinen und großen Abgründe, in der Aufdeckung ihrer Geheimnisse, die bisweilen auch nur Banalitäten sind. Damit verbindet sich die vage Hoffnung, die Welt könnte auf diese Weise wahrer und besser werden. Es ist dies eine fast religiöse Hoffnung, weil die Erfahrung lehrt, dass die Entdeckung des Geheimen vor allem dazu führt, es noch besser zu verstecken.

Welche Wahrheit könnte Wikileaks über die Kirchen und Religionsgemeinschaften publizieren? Es handelt sich um die ältesten institutionellen Mächte und um die mit den meisten Geheimnissen. Was gäbe es hier aufzudecken? Aufrufe zum Terror durch Imame? Noch mehr sexuelle Gewalt, verübt von katholischen Geistlichen? Noch mehr Doppelmoral, Unehrlichkeit und Frömmelei? Noch mehr Bündnisse mit den Mächtigen in Geschichte und Gegenwart? Das Oberhaupt der römisch-katholischen Kirche hat sich vor zehn Jahren in einem öffentlichen Schuldbekenntnis für die Verbrechen entschuldigt, die Söhne und Töchter seiner Kirche im Namen Gottes je begangen haben. Es könnte auch aufgezeigt werden, dass immer noch Dinge gelehrt werden, die nicht durch die Bibel gedeckt sind: dass es sich, beispielsweise, bei der Jungfräulichkeit Mariens nicht nur um ein Dogma, sondern um einen Übersetzungsfehler handelt, um einen Lapsus freilich, der das Frauenbild über Jahrhunderte geprägt und Frauenschicksale Jahrhunderte hindurch verdammt hat. Aber das ist schon bekannt, es ist so bekannt wie die furchtbaren Irrtümer und Irrwege der Kirche.

Solche Entdeckungen und Entlarvungen haben dem menschlichen Bedürfnis nach Religiosität wenig anhaben können. Das gehört zu den größten Geheimnissen, die es gibt. Religion ist sozusagen Wikileaks-fest. Sie gründet auf Glauben, nicht auf Fakten. Religion birgt das absolute Geheimnis. Dieses Geheimnis entzieht sich der Aufklärung, es ist der Aufdeckung nicht zugänglich – nicht einfach nur deswegen, weil man es aus Angst vor der Leere dahinter nicht aufdecken will. Das Heilige, das Mysterium, beginnt dort, wo die Möglichkeit endet, Geheimnisse aufzudecken. Alle Versuche, Gott zu beweisen, waren deshalb so vergeblich wie die, ihn für tot zu erklären. Religion schafft und wahrt nämlich Geheimnisse, die um nichts in der Welt aufzulösen sind. Das ist ihr Wesen.

Weihnachten und das Göttliche

Das Weihnachtsgeheimnis ist das wohl geheimnisvollste dieser absoluten Geheimnisse. Es beginnt mit dem verheißungsvollen ersten Satz des Johannes-Evangeliums: „Und das Wort ist Fleisch geworden, und hat unter uns gewohnt." Der Satz ist nicht Menetekel, er ist Mysterium. Weihnachten ist das possierlich verkleidete Fest dieses Mysteriums. An Weihnachten feiern die Christen einen machtlosen Gott, sie feiern das göttliche Kind – also einen Gott, der sich klein und verletzlich gemacht hat, der nicht mehr allmächtig, sondern menschlich sein will, der Fürsorge braucht. Es ist dies eine Revolution von ganz oben: Die höchste Macht entmachtet sich, sie macht sich freiwillig ganz klein. Sie macht sich zum Opfer der Geschichte, den Menschen ähnlich und ihnen ganz nah; sie macht all das mit, was dem menschlichen Leben widerfährt.

Das Geheimnis der Ohnmacht

Wikileaks versucht, Geheimnisse der Macht aufzudecken. Weihnachten aber ist das Geheimnis der Ohnmacht und, vielleicht, das Geheimnis der Kraft, die aus Ohnmacht wachsen kann. Der heilige Franziskus, Oscar Romero, Dietrich Bonhoeffer und Martin Luther King haben gezeigt, wie das geht: Sie haben im Menschen das Göttliche gesehen und die Menschen auch dergestalt behandelt. Vielleicht kann man von ihnen lernen, wie man das macht. Vielleicht kann man an Weihnachten damit beginnen – und in die Krippe also nicht ein Jesulein legen, sondern einen schwachen, einen geschlagenen, hilfsbedürftigen Menschen; jedes Jahr einen anderen.

Verkörperung der vollkommenen Hilfsbedürftigkeit ist heute weniger das ganz kleine Kind, sondern der ganz alte Mensch. Der Respekt vor den Kindern und der Respekt vor den Alten gehören zusammen. Alpha und Omega; es ist dies die Klammer, die das Leben umspannt. Vielleicht muss man in diesem Jahr das Kind aus der Krippe nehmen und die demente Greisin hineinlegen. Vielleicht beginnt man dann, das Weihnachtsmysterium zu verstehen.

Erschienen am 24.12.2010

OSTERN

Die Szene vom Palmbaum ist immer wieder gemalt worden: Als Josef und Maria mit dem Jesuskind nach Ägypten fliehen mussten, beugt er sich herab, um seine Datteln pflücken zu lassen; und zwischen seinen Wurzeln lässt der Palmbaum eine Quelle sprudeln. Es ist dies das Osterbild für Flüchtlinge.

Palmzweige für den Kosovo

Aus der „Goldenen Legende", einer mittelalterlichen Sammlung von Heiligengeschichten, stammt die tröstliche Episode vom Palmbaum. Immer und immer wieder ist sie gemalt worden: von Albrecht Altdorfer und von den italienischen Meistern Correggio, Caravaggio und Giorgione. Hans Baldung Grien hat sie auf dem Altarflügel des Freiburger Münsters abgebildet, die Darstellung des Anthonis van Dyck hängt in der Alten Pinakothek zu München: Die Episode vom Palmbaum, der sich, als Josef und Maria mit dem Jesuskind nach Ägypten fliehen mussten, herabbeugt, um seine Datteln pflücken zu lassen; und zwischen seinen Wurzeln lässt dieser Palmbaum eine Quelle sprudeln. Es ist das Osterbild für Flüchtlinge.

Der Maler Lukas Cranach hat, weil er mit einem Palmbaum nicht viel anfangen konnte, ihn in eine Weide verwandelt. Und auf einem Fresko der Kirche im französischen Auvers-le-Harmon wird aus der Palme ein Orangenbaum. So oder so: Es ist eine österliche Szene der Hoffnung, mit der die Palmen-Symbolik ins Volkstümliche übersetzt wird. Sie verspricht neues Leben jenseits von Leid und Tod, sie spendet neue Kraft. Die Palmzweige sind uralte Zeichen der Hoffnung. Wo sind sie im Kosovo? Wo ist die

Hoffnung? Das Nato-Bombardement wurde bei seinem Beginn mit der Hoffnung angekündigt, es könnten so die Menschen im Kosovo geschützt werden. Diese militärische Hoffnung hat sich binnen einer Woche in Hoffnungslosigkeit verwandelt.

Das Elend der Flüchtlinge

Bilder wie die vom Palmbaum haben die Menschen durch die Jahrhunderte begleitet; heute hängen sie in den Museen, müssen von Kunstführern erklärt werden. In den Video-Clips von heute gibt es keine Palmen, die sich verneigen und keine Quellen, die zwischen den Wurzeln sprudeln. Aber Flüchtlinge gibt es mehr denn je; es gibt aber in diesen Tagen des Kosovo-Kriegs auch eine spontane Hilfsbereitschaft von der stillen Art, wie sie die genannten alten Bilder zeigen: Wir spenden Geld für die Flüchtlinge – an die Caritas, an das Diakonische Werk, an Cap Anamur. Wir sind angerührt vom Flüchtlingselend im Kosovo, in Albanien und in Mazedonien, von der Not also, von der uns die Politiker sagen, dass sie dort unten, heimatnah, am besten aufgehoben sei. Und wir sind irritiert, ratlos und zerrissen von der Frage, was das Nato-Bombardement in Serbien ausrichtet und was es anrichtet. Wer ganz ehrlich ist, der muss wohl auf die Frage, ob und welche Aktionen und Operationen geboten sind, um die Lage zu befrieden, sagen: Ich weiß es nicht. Die Bellizisten sind in genau der Situation, die sie den Pazifisten gern vorhalten: Sie wissen nicht, wie sie mit ihren Mitteln weiterkommen sollen.

„Dulce bellum inexpertis" – das Wort hat der Humanist Erasmus von Rotterdam vor fünfhundert Jahren den Bellizisten seiner Zeit entgegengeschleudert: „Süß ist der Krieg für die, die ihn nicht erfahren haben." Es wäre unfair, diesen Satz dem deutschen Bundeskanzler, seinem Außen- und seinem Verteidigungsminister entgegenzuhalten. Niemand von ihnen ruft Hurra, alle sind in diesen Kriegseinsatz voller Skrupel und Bedenken hineingegangen; sie halten ihn für einen gerechten, für einen aus humanitären Gründen gebotenen Krieg.

Erasmus würde sie wohl heute anders fragen: Wie human ist eine humanitäre Intervention mit inhumanen Mitteln? Und er würde vielleicht die Nato-Länder zur Selbstprüfung auffordern und daran erinnern, dass auch moralisch begründete Interventionen keine saubere Geschichte haben: In Vietnam haben die USA angeblich die „Freiheit" verteidigt, in Grenada wurden nicht existierende Geiseln befreit.

Gestern waren die Kurden das Volk, das die Elenden dieser Erde repräsentierte – aufgeteilt zwischen Türkei, Iran und Irak, bekriegt von den türkischen Militärs, vergast von Saddam Hussein. Heute sind es die Kosovo-Albaner. Es ist kein Spiel mit Wörtern, wenn man von gekreuzigten Völkern spricht. Die Kosovo-Albaner erleiden ihre Passion – vertrieben vom jugoslawischen Präsidenten Milošević, verjagt, verfolgt, vergewaltigt von seinen Soldaten und Milizen. Noch nie in der Weltgeschichte haben so viele Menschen ihre Heimat verlassen müssen, sind verjagt und vertrieben worden wie heute, am Ende des Jahrtausends: Es sind über zwanzig Millionen. Sie fliehen vor Militär und Polizei, vor Krieg, Bürgerkrieg und Folter, aber auch vor absoluter Armut und Hunger.

Die gekreuzigten Völker

Ethnische Vertreibung steht also noch einmal am Ende eines Jahrhunderts, das oft finsterer war als die Zeiten, die der aufgeklärte Mensch gern als finster bezeichnet. Früher, als die Herrscher den Staat noch als väterliches Erbe betrachtet haben, wurden mit größter Selbstverständlichkeit Provinzen von der Größe des Kosovo als Heiratsgut verschenkt oder als Teil des Nachlasses behandelt – die Menschen galten dabei nur als Zubehör. Das erscheint uns heute unmenschlich; das schützte die Menschen aber vor einer Grausamkeit, die ausgerechnet im 20. Jahrhundert mit seinen großen Bekenntnissen zu den Menschenrechten ungeheure Ausmaße annahm: Vor der Vertreibung.

Die Leiden im Kosovo sind nicht neu, sie sind nur noch schlimmer geworden. Jahrelang waren die Kosovaren ziemlich vergessen von der Weltöffentlichkeit, 1995 blieben sie ausgeklammert im Vertrag von Dayton; und als im Juni 1998 14.000 Kosovaren über die Grenze nach Albanien gingen, hat der Westen von Milošević nur verlangt, er solle doch schleunigst die Grenze schließen, mit allem, was er habe – und das tat er dann auch. Denn die einzige Sorge der Europäer bestand damals darin, dass Hunderttausende, wie damals aus Bosnien, nach Westeuropa kommen könnten. Jetzt sollen den Kosovaren die Bomben der Nato helfen – aber sie bringen keine Hilfe, im Gegenteil; die Bomben sind quasi die Marschmusik für den Massenexodus nach Albanien und Mazedonien. Die letzten Dinge sind offenbar schlimmer als die ersten. Das gutgemeinte Bombardement hat die Lage eskalieren lassen.

Der Papst sagt: Aufhören!

Also: Helfen, aber wie? Wenn Bomben nichts helfen, helfen dann noch mehr Bomben? Wenn Krieg nicht hilft, hilft dann noch mehr Krieg? Muss der, der wie die Nato A gesagt hat, auch B sagen oder kann er auch „Aufhören" sagen? Der Papst sagt: Aufhören! Er sagt das nicht nur, weil Ostern ist. Er sagt das mit der gereiften Weisheit einer Institution, die es seit den Tagen Kaiser Neros gibt, und die in anderen Zeiträumen denkt, als es Regierungschefs tun – und die in ihrer Geschichte fast alle Fehler gemacht hat, die man nur machen kann, und daraus wohl auch viel gelernt hat. Vor ziemlich genau 900 Jahren hat der erste Kreuzzug, nach heutigem Sprachgebrauch wohl eine Art humanitäre Intervention, Jerusalem erobert. Segen ruhte darauf nicht.

Die Forderung des Papstes nach einer Waffenruhe wenigstens an den Osterfeiertagen hat die Nato bisher brüsk zurückgewiesen. Man schilt den Vorschlag als naiv. Vielleicht ist es aber noch viel naiver, darauf zu vertrauen, dass noch mehr Krieg den Kosovo befrieden kann. Der päpstliche Appell könnte der Palmzweig sein, den der Kosovo braucht.

Erschienen am 03.04.1999

Beim Wort Unsterblichkeit beschleicht viele Christenmenschen ein seltsam langweiliges Gefühl. Die selige Fröhlichkeit, die sich mit der gläubigen Gewissheit eines „Bürgerrechts im Himmel" (Paulus) eigentlich einstellen müsste, ist auch bei bekennenden Christen selten anzutreffen.

Bürgerrecht im Himmel

Den Erfolg von Weihnachten hat Ostern nie gehabt. Das ist kein Wunder: Geburt ist, wie der Tod, eine alltägliche Menschheitserfahrung. Auferstehung bewegt sich außerhalb jedes Erfahrungshorizonts. Es ist das wunderlichste aller Wunder.

Im Mittelalter haben sich die so genannten Osterspiele kräftig und deftig, aber vergeblich bemüht, die Auferstehung Jesu von den Toten populär zu machen. In den Kirchen wurde Theater gespielt, was das Zeug hielt; dabei soll im Jahr 1480 der Altar der St.-Nikolai-Kirche in Wismar so in Mitleidenschaft gezogen worden sein, dass der Bischof ihn für entweiht erklärte. Weil das leere Grab die religiöse Bühne nicht so recht füllte, wurde nämlich seinerzeit der sparsame Text des Oster-Evangeliums mit heiligem Schnickschnack dramaturgisch angereichert. Da gab es einen Wettlauf der Apostel Johannes und Petrus zum Grab; da gab es (etwa im Redentiner Osterspiel) auch ein Höllenfahrt-Spektakel, in welchem es zum Showdown zwischen Luzifer und dem auferstandenen Christus kam: Der befreite die gerechten Seelen aus der Vorhölle, die dort, angeführt von Adam und Eva, auf ihre Erlösung warteten. Das Ganze war ein Höllenspektakel auch im Wortsinn, das für die Entwicklungsgeschichte des deutschen Dramas zwar eine gewisse Bedeutung, aber zur gläubigen Erkenntnis langfristig offenbar wenig beigetragen hat. Die Osterspiele sind denn auch irgendwann eingeschlafen; nur die Passionsspiele, die Spiele vom Leiden und Sterben des Herrn Jesus, sind geblieben. Das Mysterium Auferstehung blieb blass – trotz seiner unerhörten Bedeutung für den christlichen, zumal den katholischen Glauben.

Wunder wie im Drehbuch

Die Auferstehung: Ein Mensch, der tot ist, beginnt nach drei Tagen wieder zu leben, und zwar auf sonderbare Weise, in einer irgendwie höheren Daseinsform. Jesus geht nämlich, so die Schrift, durch Türen und Wände, ist aber offenbar gleichwohl ein Mensch aus Fleisch und Blut; er isst und trinkt, man kann ihn auch anfassen und die Wunden berühren, an denen er gestorben war; er erscheint vielen Personen gleichzeitig, und verschwindet immer wieder auf geheimnisvolle Weise. Weil das alles andere als ein klarer Zustand ist, nennt man ihn verklärt. Für Nichtchristen klingt das alles wie ein Filmdrehbuch nach einem Roman von Edgar Allan Poe. Für Christen ist dieses Wunder das Fundament ihres Glaubens, die Antwort auf die Frage: „Was darf ich hoffen?" Darauf basiert ihr Glaube an ein Leben über das Grab hinaus, an die Unsterblichkeit der Seele und an die eigene leibliche Auferstehung am jüngsten Tag.

Doch das Mysterium der Auferstehung erscheint offenbar vielen Menschen eher als suspekt denn als Quelle für einen Glauben. Umfragen zufolge glauben zwar viele, dass Jesus Wunder gewirkt hat (82 Prozent), und immerhin noch mehr als die Hälfte, dass er Tote zum Leben erweckt hat (52 Prozent). Aber an die leibliche Auferstehung Jesu glauben nur noch wenig mehr als ein Drittel (39 Prozent), deutlich weniger, als beispielsweise die Himmelfahrt Jesu akzeptieren (51 Prozent). Auch der durchschnittliche Christenmensch tut sich ganz offensichtlich ein wenig schwer mit dem österlichen Geheimnis und der Hoffnung, die davon ausgehen soll: So gern er an Ostern „Hallelujah" singt, so ungern lässt er sich auf die Konsequenzen ein und so sehr druckst er herum bei der Frage, wie er sich denn sein eigenes Leben über das Grab hinaus vorstellt. Und es beschleicht ihn beim Wort Unsterblichkeit ein seltsam misstrauisches Gefühl von Langeweile und Unerfülltheit, das sich mit seinem postmortalen Status verbindet. Die selige Fröhlichkeit, die sich mit der gläubigen Gewissheit eines „Bürgerrechts im Himmel" (Paulus) eigentlich einstellen müsste, ist auch bei bekennenden Christen selten anzutreffen.

Ostern ist wohl so etwas wie das schwarze Loch der christlichen Religion: Alle Geschehnisse dort (so die Astrophysik) sind für einen Beobachter prinzipiell unerfahrbar; über das, was abgelaufen sein soll, sind keine überprüfbaren Aussagen möglich. Der Glaube an das Unerklärbare, an die Auferstehung also, befreie aber von Angst, verkünden die Theologen – weil ein solcher Glaube den Horizont der Zeit in die Ewigkeit öffne. Angstbefreiung? Das war und ist freilich höchst selten das Kennzeichen der Religionen, weil deren Anführer, Priester, Imame aus der jeweiligen Glaubensgemeinschaft oft eine moralische Zwangsanstalt gemacht haben (und noch immer machen). Viele von ihnen nutzen die Angst gern, um die Knechtschaft des Geistes dogmatisch zu verwalten. So funktioniert der Fundamentalismus – und plagt die politische Gegenwart. Für die Moderne und Postmoderne ist das Jenseitige ohnehin keine Kategorie mehr.

Mysterium oder nur Mythos?

So ist das Oster-Mysterium zu einem sehr verblassten Mythos geworden. Dafür aber wurde der Glaube an leibliche Auferstehung auf bemerkenswerte Weise profanisiert. Seitdem immer mehr Menschen immer älter werden, das Altern aber gleichzeitig als peinlicher Vorgang betrachtet und das hohe Alter zu einer verleugneten Lebensphase wird, seitdem gilt es als chic und geboten, sich seine immerwährende irdische Auferstehung selber zu basteln – mit Anti-Aging-Programmen, Kosmetik und den Mitteln der Schönheits-Chirurgie. Beim Wort Transfiguration denkt man heute eher an die Segnungen der plastischen Chirurgie als an die des christlichen Osterfestes. Dagegen wäre nichts zu sagen, wenn mit der Leugnung des Alters nicht auch die Leugnung seines Wertes einherginge. Alte Leute gelten, durch ihre bloße Existenz, als Infragestellung dessen, was heute für normal gehalten wird: Leistung, Fitness, Produktion und Produktivität. Es wird viel von Integration geredet; wichtig ist auch die Integration des Alters in die Gesellschaft. Es geht um die Wieder-Auferstehung des Alters als Wert. Die Ehrung der Alten und der Respekt vor Kindern gehören zusammen.

Antworten des Glaubens

Eine alternde Gesellschaft steht vor dem Problem, aus dem Alter Weisheit zu gewinnen. Was tun mit der Freiheit des Alters? Was tun mit den Erfahrungen eines langen Lebens? Wie führt man ein Leben, das nicht mehr geprägt ist durch biologische Zwecke? Und wie lernt man, Abschied zu nehmen? Eugen Drewermann hat jüngst in einem Buch über „Die zehn Gebote" gemeint, dass die Kultur, welche die Lebenszeit verlängert hat, nun auch „zum Archiv der Antworten" für solche Fragen werden müsse. Er meint, wie alle Theologen, die Religion – und damit der österliche Glaube an die Unvergänglichkeit – biete einen ganz wichtigen Teil dieser Antworten. Das muss jeder für sich selbst herausfinden. Ostern ist nämlich nicht nur ein Fest des Glaubens, sondern auch ein Fest des Denkens.

Erschienen am 15.04.2006

Die Gnade kommt aus einer anderen Welt. Außerhalb der heiligen Räume spielt die Gnade kaum mehr eine Rolle. Sie existiert noch in Höflichkeitsformeln („gnädige Frau") und in den seltenen staatlichen Hoheitsakten der Amnestie und der Begnadigung. Gnade ist ein gesetzloses Wunder.

Mut zur Gnade

D ie Gnade kommt aus einer anderen Welt. Wer an den Kartagen in die Kirche geht; wer sich an Ostern auf die Mysterien der christlichen Religion einlässt, der hört, dass durch die „Gnade der Auferstehung" die Macht des Bösen gebrochen sei. Daran glauben zu können, ist auch eine Gnade.

„Helfende Gnade", „heiligmachende Gnade": Außerhalb der heiligen Räume spielt diese Gnade keine Rolle mehr, sie kann in ihren alltagssprachlichen Resten von heute kaum mehr nachvollzogen werden. Dort existiert sie noch in Höflichkeitsformeln („gnädige Frau") und in den seltenen staatlichen Hoheitsakten der Amnestie und der Begnadigung.

Die Debatte über eine Begnadigung des Ex-Terroristen Christian Klar wird nicht nur deswegen so erregt geführt, weil der Terror der RAF am Ostersamstag 2007 Jubiläum hat; an diesem Samstag ist die Ermordung von Generalbundesanwalt Siegfried Buback exakt dreißig Jahre her – und Klar gehörte zu den Tätern. Sicher, das weckt nicht nur Erinnerungen, sondern auch Atavismen. Aber das ist es nicht allein. Die zum Teil höchst irritierende Debatte zeigt (weit über den aktuellen Fall hinaus), dass das Verständnis für Gnade verloren ist.

Gnade ist irrational. Die Debatte über die Begnadigung der letzten inhaftierten Ex-Terroristen leidet daran, dass sie die Gnade zu rationalisieren versucht. Hat ein Häftling Gnade verdient? Muss er öffentlich bereuen? Die große Beichte ablegen? Sich in den Staub werfen oder in die Druckerschwärze? Kann er sein „Recht auf Gnade" mit irgendwelchen politischen Erklärungen (etwa zur Schlechtigkeit des Kapitalismus) verlieren? Die Fragen sind im Ansatz falsch. Es gibt kein Recht auf Gnade. Man kann sich Gnade nicht erwerben, sie ist nicht das Ergebnis einer Kalkulation, sie funktioniert nicht nach dem Muster „Ich gebe, damit du gibst". Sie setzt daher auch nicht unbedingt voraus, dass einer zur Aufklärung beiträgt. Damit kann er sich die Vorzüge der Kronzeugenregelung verdienen, also Strafreduzierung schon im Urteil. Gnade aber kann nicht Gegenstand eines solchen Deals sein. Sie weiß von keinem Zwang, nicht einmal vom Zwang zur Gerechtigkeit. Gnade ist nämlich keine mildere Form des Rechts, sie kommt von außerhalb des Rechts. Sie ist so etwas wie ein Wunder.

Ein gesetzloses Wunder

Ist in einem säkularisierten Staat noch Platz dafür? Ist ein Rechtsstaat der Ort für säkularisierte Wunder? Gustav Radbruch, der Justizminister der Weimarer Republik und Rechtsphilosoph, hat das bejaht: „Wie das Wunder die Gesetze der physischen Welt durchbricht, so ist die Gnade das gesetzlose Wunder innerhalb der juristischen Gesetzeswelt." Indes: Darf es in einem Staat des Rechts solche Gesetzlosigkeiten geben? Diese Frage stellt sich nicht nur bei Christian Klar; aber hier spitzt sie sich entscheidend zu. Wer hier eine Begnadigung kategorisch und von vornherein ausschließt, wer also sagt, dass eine solche Begnadigung sich schlechthin verbiete, weil die Voraussetzungen nicht vorlägen, der plädiert letztendlich dafür, den Gnadenakt abzuschaffen. Gnade kennt keine Voraussetzungen.

Also weg mit der Gnade, weil sie ein Alien ist im Rechtsstaat? Für die Abschaffung könnte es Gründe geben; aber diese Gründe spielen in der derzeitigen Begnadigungs-Diskussion kaum eine Rolle. Gnade ist in der Tat vordemokratisch, man sieht ihr immer noch an, woher sie kommt – aus dem Obrigkeitsstaat; sie ist eine Medaille, die dort geprägt worden ist: auf der einen Seite Huld und Tugend des Souveräns, auf der anderen Seite Beliebigkeit bis hin zur Willkür. Was hat ein solches Relikt in einer demokratischen Gesellschaft zu suchen? Diese Frage wird aber von den Gegnern der Begnadigung der Ex-Terroristen nicht gestellt, weil sie spüren, dass Gnade, so wie sie heute praktiziert wird, etwas mit den christlichen Werten zu tun hat, für deren Renaissance sie ansonsten eintreten.

Wenn demokratisch-rechtsstaatliche Politik die Irrationalität der Gnade nicht mehr akzeptieren kann oder will, gibt es zwei Möglichkeiten. Erstens könnte die Möglichkeit zur Begnadigung völlig gestrichen werden; dann wäre definitiv Schluss mit der Gnade. Zweitens: Der Gnadenakt könnte verrechtlicht, also zu einem Akt der Rechtsanwendung gemacht werden, der gerichtlich kontrollierbar ist; auch das wäre das Ende der Gnade. Mit ihrer Verrechtlichung würde aus der Gnade eine weitere Form der Strafaussetzung zur Bewährung.

Die Gesellschaft derer, die man nicht mag

Die gegenwärtige Debatte über Begnadigung scheint auf Letzteres hinauszulaufen. Sie formuliert Ausschlusskriterien und Voraussetzungen für die Begnadigung von ehemaligen Terroristen – geht aber dabei sehr weit. Sie formuliert für eine Begnadigung Bedingungen, die noch weiter gehen, als sie bisher vom Gesetz für eine vorzeitige gerichtliche Haftentlassung verlangt werden. In der Debatte über eine Begnadigung von Christian Klar beispielsweise wird nicht nur verlangt, dass der Häftling nicht mehr gefährlich, sondern auch, dass er innerlich geläutert ist – und zwar nach dem Bilde derer, die diese Läuterung beurteilen.

Dies übertreibt die Anforderungen an Resozialisierung ins Maßlose. Wiedereingliederung in die Gesellschaft ist Wiedereingliederung in die Gesellschaft wie sie ist. Und diese Gesellschaft ist auch die Gesellschaft derer, die man nicht leiden kann; diese Gesellschaft umfasst auch Rechts- und Linksradikale, zu dieser Gesellschaft gehören auch Leute, deren Auffassungen man selbst für grundfalsch, ja für absurd und abwegig hält.

Einige der Ex-Terroristen betreiben den Versuch einer Verklärung ihrer kriminellen Vergangenheit und den Versuch einer Verklärung der Zukunft. Inge Viett, beteiligt an der Entführung des Berliner Politikers Peter Lorenz, schrieb jüngst: „Immerhin sind wir schon wieder Millionen" – um so die Globalisierungskritik geistig zu vereinnahmen und sich damit auf einen neuen Resonanzboden zu stellen. Das ist verbohrt, aber nicht strafbar. Aber eine Gnadenentscheidung nimmt ja kein Gramm vom Unrecht weg, das die Täter auf sich geladen haben. Auch dem, der seine Strafe verbüßt hat, ist seine Schuld nicht genommen.

Die Schuld bleibt

Als Bundespräsident Richard von Weizsäcker vor fast zwanzig Jahren die ersten Begnadigungen aussprach, war dies sehr mutig – die RAF war noch aktiv. Diese Begnadigungen waren ein Wunder, sie bedeuteten Befreiung aus scheinbar zementierten Festlegungen. Sie waren eine positive Gegenaktivität zur Negation der Menschlichkeit durch den Terrorismus. Gefährlich, wie damals, sind die Begnadigungen heute nicht mehr. Aber Mut braucht es dafür, angesichts des öffentlichen Gegenwindes, noch immer.

Die bisherige Geschichte der Begnadigung von RAF-Häftlingen ist eine gute Geschichte. Keiner der „lebenslänglich" verurteilten Ex-Terroristen, die nach sehr langer Haft auf Probe entlassen wurden, ist rückfällig geworden. Ist das nicht ein rationaler Grund, um den irrationalen Gnadenakt weiterhin zu pflegen? Die Gnade hat Gnade verdient.

Erschienen am 07.04.2007

*Sexueller Missbrauch
ist Marter, sexueller Missbrauch
ist Schändung. Die Missbrauchs-
skandale in der Kirche sind die
Dornen in der Dornenkrone des
Jesus Christus.*

Leiden
an der Kirche

In der Mathematik gibt es das Rechnen in der Klammer: Entscheidend ist nicht, was in der Klammer geschieht, ob man also dort addiert, subtrahiert oder multipliziert. Entscheidend ist, welches Vorzeichen vor der Klammer steht, ob es sich um ein Plus oder ein Minus handelt. Der ganze Wert verwandelt sich ins Gegenteil, wenn aus dem Plus ein Minus wird. Das ist der katholischen Kirche in den vergangenen Monaten passiert.

Die nationalen und die globalen Missbrauchsskandale haben ein Grundvertrauen in ein Grundmisstrauen verwandelt. Nicht nur eine Vielzahl von Einzelnen steht in der Kritik, sondern die Kirche als solche. Nicht nur eine Vielzahl von Priestern hat gesündigt, sondern die Institution als solche hat gefehlt – weil sie das Leid der Opfer zu lange verdrängt, weil sie erst geschwiegen und dann abgewimmelt hat. Die katholische Kirche ist in einer Systemkrise, auch deswegen, weil sie sich der Frage nach den Fehlern im System nicht stellt.

In der Politik gibt es die Vertrauensfrage: Wenn das Vertrauen in die Regierung wankt, dann stellt sie im Parlament die Vertrauensfrage, um es auf diese Weise wieder zu stabilisieren. In der Kirche gibt es keine Vertrauensfrage. Gäbe es sie, die katholische Kirche würde ein höllisches Desaster erleben. Weit mehr als die Parteien, als Politik und Wirtschaft, weit mehr als jeder andere Beruf, als jede andere Einrichtung, weit mehr als Verwaltung, Gesetzgebung und Gerichtsbarkeit lebt die Kirche aber vom Vertrauen der Menschen zu den Personen, die sie ihnen als Vertrauenspersonen vorstellt. Priester, Menschen also, die im Namen Gottes aufgetreten sind, haben diesen Namen missbraucht. Der Missbrauch ist ein doppelter: Die Priester missbrauchen ihre Opfer und sie missbrauchen die Aura des Vertrauens, die ihnen gegeben ist. Die katholische Kirche steht daher in der moralischen Insolvenz. Sie hat furchtbares Leid zugefügt und sie leidet an sich selbst. Das ist die Situation der katholischen Kirche vor Ostern 2010.

Haupt voll Blut und Wunden

Die Passions- und Karfreitagsliturgie erhält diesmal ihre ganz eigene Bedeutung – noch schärfer als sonst, noch anklagender. Das berühmteste Passionslied formuliert diese Anklage. Es schildert das zerschlagene Haupt des Jesus Christus mit Wörtern, die wie Schläge sind: Das Gesicht ist verwundet, blutbespritzt, dornengekrönt, geschlagen, bespuckt, entstellt. Der Leib ist geschändet, das Gesicht zum Schandgesicht verunstaltet; es ist ein „Haupt voll Blut und Wunden".

Dieses Lied, der berühmte lateinische Hymnus, eingedeutscht von Paul Gerhardt im Jahr 1656, gesungen von allen Konfessionen, beschreibt nicht nur das Leid, das sich in diesem Gesicht zeigt; das Lied stellt auch fassungslos die Frage, wer dieses Leid angerichtet hat – bis es dann in der vierten Strophe diese Frage beantwortet. Und diese Antwort ist eine äußerst erschreckende Antwort. Sie überspringt das historische Ursachengefüge, sie spricht nicht von den Hohepriestern, nicht von Pontius Pilatus, den Schriftgelehrten und Henkersknechten. Sie spricht nicht von der Vergangenheit, sondern von der Gegenwart. Sie lässt keine Ausreden zu. Nicht die Umstände, nicht die Zeitläufe, nicht die Anderen – der Fragende, der Betrachter des Gekreuzigten, der Betende selbst muss sich schuldig bekennen: „Schaut her, hier steh ich Armer, der Zorn verdienet hat." Es ist eine Zeile, die die katholischen Würdenträger, die dieses Lied am Karfreitag anstimmen, verstummen lassen muss. Ist es denn nicht die Kirche selbst, „die Zorn verdienet" hat? Weil sie den tausendfachen sexuellen Missbrauch Minderjähriger durch Priester so lange verheimlicht und verharmlost hat; weil sie geglaubt hat und manchmal immer noch glaubt, sie müsse sich nur ducken, bis der Sturm vorübergeht; weil sie immer wieder die Schuld auf andere schiebt oder darauf verweist, dass sich auch andere, nicht nur Priester, schuldig gemacht haben; weil sie zur radikalen Umkehr bisher nicht fähig ist.

Die Kirche kann sich nicht mit dem Hinweis aus der Verantwortung ziehen, dass sich neunzig Prozent aller Missbrauchsfälle außerhalb der Kirche ereignen, im familiären Umfeld vor allem. Sie muss fragen, wie sie selbst Schuld an den Missbrauchsskandalen trägt – weil sie das menschliche Verlangen nach reifer Intimität so radikal negiert. Es hat sich gezeigt, dass viele Priester, die Minderjährige missbrauchen, in ihrer sexuellen Entwicklung auf der Stufe eines 13-Jährigen stehengeblieben sind. Das lässt sich nicht mit Beten ändern; das verlangt Änderungen im System Kirche.

Sexueller Missbrauch ist Marter, sexueller Missbrauch ist Schändung. Die Missbrauchsskandale sind die Dornen in der Dornenkrone. Sie sind die Spucke im Angesicht dessen, den die Christen als Gott verehren. Die Kirche muss also mit sich selbst ins Gericht gehen. Sie muss sich selbst schuldig bekennen – und sich dann aus dieser Schuld zu befreien versuchen. Ein konstruktives Misstrauensvotum wie in der Politik, mit dem die Gläubigen die schuldig gewordene Hierarchie abwählen und durch eine neue ersetzen könnten, gibt es in der Kirche nicht. Es gibt nur den Glauben an den Ostersonntag. Aber dieses Ostern der Kirche, die Auferstehung des Vertrauens, kommt nicht von selbst.

Erschienen am 01.04.2010

*Ostern ist die Befreiung
aus Dumpfheit und Unter-
drückung, aus dem vermeintlich
Unabänderlichen. Ostern ist
die Überwindung der Angst.
Ostern ist, wenn die Menschen
wieder aufrecht gehen können.*

So viel Ostern

Ostern ist das älteste Fest der christlichen Geschichte, und es ist das höchste in der liturgischen Rangordnung. Ostern ist aber bei weitem nicht so populär wie Weihnachten; das hat damit zu tun, dass zwar jeder weiß, was eine Geburt ist, dass sich aber kaum einer eine Auferstehung vorstellen kann. Das Neue Testament ist da keine Hilfe. Während dort die Geburt im Stall zu Bethlehem anschaulich und anrührend ausgemalt wird, schweigen sich alle Evangelisten über die Auferstehung des toten Gekreuzigten aus. Diese Auferstehung wird von ihnen nicht beschrieben, sondern nur angekündigt oder als vollzogen vermeldet; faktisch bleibt sie unsichtbar.

Auferstehung in Kairo

In Szene gesetzt haben die Auferstehung erst die großen Maler der Renaissance und des Barock – Grünewald, Dürer, Raffael und Rembrandt. Christus als Held, Christus als Sieger; er ist von schwerem Kampf zurückgekehrt und hebt an zum Aufstieg in den Himmel. Diesen Bildern gemäß sieht man den Auferstandenen noch heute, holzgeschnitzt, in den Kirchen. „Es war ein wunderlicher Krieg, da Tod und Leben rungen; das Leben behielt den Sieg, es hat den Tod verschlungen." So beschreibt das Martin Luther. Aber ein vorstellbares Osterbild ergibt sich daraus heute nicht mehr. Auferstehung als mythisch-militärisches Projekt ist unzeitgemäß, und als aviatorische Angelegenheit, als frühes Unternehmen der Luftfahrt, ist sie peinlich. Man tut sich schwer mit der Auferstehung. Und daher beherrschen die Lämmer, Hasen und gefärbten Eier die österliche Szenerie.

Ostern ist die Überwindung der Angst

Dabei gibt es so viele neue, ganz andere Osterereignisse, welche die Auferstehung weltlich buchstabieren – aber gerade deswegen zeigen, was Ostern bedeutet: Aufstehen und Aufbrechen. Ostern ist ein Sich-Aufrichten aus einem Grab, das man sich nicht im Wortsinn als Grab vorstellen muss. Ostern ist die Befreiung aus Dumpfheit und Unterdrückung, aus dem vermeintlich Unabänderlichen; Ostern ist die Überwindung der Angst. Wenn man Ostern so versteht, dann ist die Welt gerade in diesem Jahr voller Ostern. Die Bilder vom Tahrir-Platz in Kairo, von den Jugendlichen in Bengasi, in Sanaa und Damaskus sind österlich. Es sind Bilder von österlicher Kraft. „Ich habe eure Jochstangen zerbrochen und euch wieder aufrecht gehen lassen", heißt es im Alten Testament, im Buch Levitikus. Jochstangen waren Instrumente der Unterdrückung, und Ostern bedeutet, dass sie zerbrochen werden, ob sie nun ein diktatorisches Regime aufgestellt oder ob man sie sich selbst errichtet hat. Ostern bedeutet Befreiung von Zwängen – denen der Welt oder den eigenen.

Ostern ist, wenn die Menschen wieder aufrecht gehen können. Das ist nicht Blasphemie, das steht so auch in der Bibel. Es wird nämlich dort derselbe Wortstamm „Auferstehung" und „Auferweckung", der das österliche Geschehen benennt, auch dann verwendet, wenn es um das Aufrichten von Kranken und Blinden geht. „Steh auf, er ruft Dich", heißt es da. Steh auf! Das Bild von der Auferstehung hat hier eine individuelle Dimension.

Man muss Unsicherheit ertragen und aufstehen, um wieder zu gestalten, zu handeln, zu wagen. Und diese individuelle Dimension lässt sich ins Gesellschaftliche übertragen, wenn Menschen gemeinsam handeln – die Befreiungsbewegungen in Arabien führen uns das vor Augen. Vielleicht aber auch, und damit rückt die gesellschaftliche Dimension von Auferweckung angenehm oder unangenehm nahe, der Protest um Stuttgart 21; Auferweckung lässt sich übertragen auf die zivilgesellschaftliche Gegenwehr überhaupt, sei es gegen Atomkraft oder Datenspeicherung.

Wenn etwa aus der Energiewende eine Bewusstseinswende wird, wenn sie eine andere, verantwortungsbewusstere Art des Lebens einleitet – dann wäre sie eine Art Auferstehung, dann wäre Fukushima ein Weckruf gewesen. „Manchmal stehen wir auf / stehen wir zur Auferstehung auf / mitten am Tage", hat Marie Luise Kaschnitz in einem Gedicht geschrieben. Sie hat die Überwindung des geistigen und zugleich alltäglichen Todes gemeint, eines Zustandes, der am Bestehenden festhält, am Status, an den gewohnten Bequemlichkeiten. Manchmal dauert es lange, bis eine solche Befreiung gelingt, bis man suchend sein Ziel erreicht. Die Israeliten, um noch einmal die Bibel zu zitieren, irrten auf ihrem Weg ins gelobte Land 40 Jahre durch die Wüste.

Die Flucht übers Mittelmeer

Es stört viele Europäer, dass gerade nach den ersten Erfolgen der Befreiungsbewegung in Afrika und einigen arabischen Staaten Menschen von dort aufbrechen; aber gehören die Bilder aus Lampedusa nicht auch zu den neuen Osterbildern? Es sind Bilder von Menschen, die alles hinter sich lassen wollen, um ein neues Leben in Europa zu beginnen. Das passt vielen Europäern nicht, sie halten das für einen unheiligen, einen heillosen Exodus, einen, der nicht im Buche steht. Sie wehren ihn ab als Bedrohung und Gefahr. Es ist vielleicht eine Zumutung, die hochriskante, oft todbringende Flucht übers Mittelmeer als österliches Ereignis zu bezeichnen. Der eine oder andere Pfarrer hat diese Flüchtlinge gar als „Botschafter" bezeichnet. Sie sind nicht Diplomaten in Schlips und Kragen, sie sind zerlumpte Botschafter der Menschenrechte. Gewiss: Auch eine solche Beschreibung ist eine Zumutung. Aber der christliche Osterglaube, also der Glaube daran, dass bei der Auferstehung bisherige Denkschemata und Gesetzlichkeiten überwunden wurden, ist ja auch eine Zumutung.

Es gibt noch ganz andere neue Osterbilder: Die Gesellschaft hat es sich angewöhnt, über das Alter zu stöhnen – gerade so, als ob dieses nur aus Demenz und Leid bestünde. Das längere Leben ist aber auch eine kleine Auferstehung. Binnen eines Jahrhunderts haben die Menschen zwei Lebensjahrzehnte dazugewonnen; mehr Zeit zum Leben und, auch dies, mehr Zeit zum Abschiednehmen.

Altern als österliches Ereignis

Das ist nicht Grund zum Jammern. Nur ist aus dem Mehrleben noch nicht der richtige Mehrwert gezogen worden. Die alte Einteilung der Lebensphasen passt nicht mehr. In der ersten Phase dominierte die Bildung, in der zweiten Beruf und Familie, in der dritten die Freizeit. Es wird zu einer Neuverteilung der Zeit zwischen den Generationen kommen müssen. Und die Alten sollten in Zukunft nicht mehr nur als Wähler in Erscheinung treten, sondern auch als Volksvertreter. Das könnte ein Beitrag zu einer besseren Politik sein. Oder, um es mit dem Untertitel eines Buches über das Alter zu sagen: Alte Menschen sind gefährlich, weil sie keine Angst vor der Zukunft mehr haben.

Sind das die falschen Osterbilder? Zurück zur klassisch-biblischen Ostergeschichte: Da gesellt sich der auferstandene Jesus zu seinen Jüngern, die ihn nicht erkennen und sich mit ihm über seine Kreuzigung unterhalten. Erst beim gemeinsamen Abendessen im Ort Emmaus gehen ihnen, wie es im Evangelium heißt, „die Augen auf". Auch das ist Ostern: Wenn einem die Augen aufgehen.

Erschienen am 23.04.2011

GOTT UND
DIE WELT

*Gehört Gott in die Verfassung?
Bei den Beratungen der gemeinsamen Verfassungskommission
von Bund und Ländern nach
der deutschen Einheit wurde
diese Frage erregt diskutiert.
Gott blieb in der Präambel des
Grundgesetzes. Der Streit kehr-
te wieder, als eine europäische
Verfassung erarbeitet wurde.
Dort kam es zu einem Kompro-
miss: kein Gott. Es wird aber
auf das „kulturelle, religiöse
und humanistische Erbe"
Europas Bezug genommen.*

Der unkündbare Gott

Das deutsche Grundgesetz beginnt mit einem Satz, den keiner kennt; und es endet mit Sätzen, die keiner glaubt. Es beginnt nämlich – aber wer weiß das schon? – mit der Anrufung Gottes. Und es endet – aber wer glaubt das schon? – mit einem grundsätzlichen Bekenntnis zur Trennung von Kirche und Staat.

Die Anrufung Gottes in der Präambel („Im Bewußtsein seiner Verantwortung vor Gott und den Menschen") haben die Juristen seit jeher verlegen überblättert; jedes andere Wort des Grundgesetzes haben sie gedreht und gewendet, den Gott der Präambel haben sie nicht registriert. Staat und Kirche wiederum haben nicht zur Kenntnis nehmen wollen, dass Artikel 140 Grundgesetz grundsätzlich (und nur mit wenigen Ausnahmen) jegliche institutionelle Verbindung von Staat und Kirche untersagt. Wer sich hingegen unbefangen in Deutschland umsieht, der muss das Gegenteil glauben: Er beobachtet innige Beziehungen zwischen Staat und Kirche. Er stellt nicht nur fest, dass der Staat die Kirchensteuer einzieht. Er stellt nicht nur fest, dass der kirchliche Religionsunterricht Lehrfach an den öffentlichen Schulen ist. Er stellt auch fest, dass der Staat die beiden großen Kirchen vielfältig alimentiert, dass er evangelische Pfarrer bezahlt, dass er die Militär- und Anstaltsseelsorge finanziert, dass an vielen staatlichen Schulen der Unterricht mit einem Gebet beginnt ... und so weiter und so fort. Der Kirchenjurist Peter von Tiling hat einmal einem Aufsatz ein Verzeichnis der Mitwirkungsrechte der Kirchen im Staat beigefügt: Es umfaßte vierzehn Seiten (und blieb unvollständig). Die Kirchen suchen nämlich das, was sie in der Gesellschaft an Einfluß verloren haben, durch Verflechtungen mit dem Staat wettzumachen.

Anachronismus Kirchensteuer

Der evangelische Geistliche Wolfgang Ullmann, Abgeordneter für das Bündnis 90 im Deutschen Bundestag, will mit all dem Schluß machen: Er will Gott aus der Präambel streichen und die Trennung von Kirche und Staat strikt durchführen. In der Verfassungskommission hat er einen entsprechenden Antrag gestellt. Ullmann rührt an ein Thema, das sich in den großen Parteien keiner anzurühren traut. Sein Antrag ist aussichtslos, aber notwendig. Oswald von Nell-Breuning, der große Soziallehrer der katholischen Kirche, hat zum Beispiel den staatlichen Kirchensteuereinzug schon vor über zwanzig Jahren als einen „Anachronismus" bezeichnet. Wenn ein Politiker heute dasselbe sagt, gilt er selbst bei den Sozialdemokraten als Ketzer. Das Kirchensteuersystem wurde daher ohne große politische Diskussion dem beigetretenen Osten übergezogen; es hat dort zu einem neuen Schub von Kirchenaustritten geführt. Von den 16 Millionen Menschen im Osten sind nur noch gut ein Viertel Mitglied einer Kirche. Und auch im Westen wird aus der Volkskirche eine Minderheitenkirche.

Der Staat muss nun aber, so fordert es das Bundesverfassungsgericht, „Heimstatt aller Bürger" sein – der Christen wie der Atheisten. Hat also Wolfgang Ullmann recht mit seinem radikalen Antrag? Recht hat er, wenn er die Beachtung der Trennung von Kirche und Staat verlangt. Unrecht hat er, wenn er Gott aus der Präambel entfernen will. Das eine hat mit dem anderen nichts zu tun. Die „Verantwortung vor Gott", an die sich das Grundgesetz in seinen Eingangsworten erinnert, meint nämlich etwas ganz anderes als die Invocatio Dei der griechischen Verfassung, die „im Namen der Heiligen, Wesensgleichen und Unteilbaren Dreifaltigkeit" beginnt und damit die Staatskirche etabliert. Die deutsche Verfassung hingegen ruft Gott nicht im Gewand einer Konfession an. Der Gott des Grundgesetzes ist Chiffre für das Unveräußerliche, für die Grundwerte, die auch einer Mehrheitsentscheidung entzogen sind. Die Entwicklung Deutschlands zum freiheitlich demokratischen Rechtsstaat hat Opfer gekostet. Am Wegrand stehen, wie Gustav Heinemann einmal formuliert hat, Gestapo, Volksgerichtshof, Auschwitz und Lidice. Die mehrfache Betonung der unveräußerlichen Werte im Grundgesetz hat also seinen Grund. Die französische Verfassung spricht von „geheiligten" Menschenrechten; das deutsche Grundgesetz erklärt in einer Ewigkeitsklausel die Grundsteine der Verfassung für unantastbar. Genau dieser Gedanke ist der Inhalt der „Verantwortung vor Gott und den Menschen". Der Gott der Präambel ist daher unkündbar. Allenfalls die Formulierung wäre veränderbar. Wem eine bessere einfällt als die jetzige, die auf abendländischer Tradition fußt, der möge sie vorschlagen.

Verfassungsstörer? Verfassungsanker!

Gott ist daher Verfassungsanker, kein Verfassungsstörer. Massiv störend aber sind die Beziehungen, die sich zwischen Staat und Kirche erhalten und entwickelt haben. Die Praxis des Staatskirchenrechts, das diese Beziehungen beschreibt, ist voll von Merkwürdigkeiten, Irregularitäten und Skurrilitäten. Wie lässt es sich, zum Beispiel, mit der Trennung von Kirche und Staat vereinbaren, dass es an den Universitäten Lehrstühle gibt (und zwar nicht nur für Theologie, sondern auch für Gesellschaftswissenschaften und Pädagogik), die nur mit Zustimmung des katholischen Diözesanbischofs besetzt werden dürfen? Wie verhält es sich mit der Staatsfinanzierung einer katholischen Universität? Das Grundgesetz hat in Artikel 140 auf die Vorschriften der Weimarer Reichsverfassung verwiesen, die damit bis heute weitergelten. Zwei Vorschriften sind wesentlich. Erstens: Es gibt keine Staatskirche. Zweitens: Die finanziellen Verbindungen zwischen Kirche und Staat sind zu lösen. Doch die Verträge zwischen Kirche und Staat, die Konkordate, machen das Gegenteil: Nach wie vor werden die kirchlichen Privilegien begründet mit der Enteignung der Kirchen in napoleonischer Zeit, im Reichsdeputationshauptschluß von 1803 nämlich. Wer vor 190 Jahren von Napoleon enteignet wurde, ist also weit besser dran als derjenige, dem dies vor 40 Jahren durch die Sowjets geschah.

Heilige Armut, heiliger Mammon

Die Kirchensteuer zieht vor allem deswegen das gesammelte Unbehagen auf sich, weil der Staat dabei als weltlicher Arm der Kirche auftritt und der Gläubige und Bürger sich diesem Zugriff nur durch den formellen Austritt aus der Kirche entziehen kann. Angesichts der sozialen Aufgaben, die sich die Kirchen aufgeladen haben, ist zwar der Vorwurf etwas billig, sie sei von der heiligen Armut auf den heiligen Mammon gekommen. Tatsache ist nämlich, dass das soziale Netz gegenwärtig ohne kirchliches Engagement sofort reißen würde. Tatsache ist aber auch, dass dieses Engagement über eine bloße aufgabenbezogene Subventionierung belohnt werden könnte. Die Unbarmherzigkeiten schließlich, die das kirchliche Arbeitsrecht für die Beschäftigten etwa an konfessionellen Krankenhäusern mit sich bringt, sind schlicht intolerabel. Nur für die wenigsten Beschäftigten, oft nur für einen Barmherzigen Bruder an der Spitze, ist das Krankenhaus ein Religionsausübungsbetrieb – für alle anderen normale Arbeitsstelle.

Das Zweite Vatikanische Konzil hat die Kirche aufgefordert, ihre Hoffnung nicht auf Privilegien zu setzen, „die ihr von der staatlichen Autorität angeboten werden". Die Kirchen in Deutschland sollten diese Hoffnungen nicht erst dann fahren lassen, wenn sie ihr eines Tages im Zuge europäischer Harmonisierung genommen werden.

Erschienen am 17.04.1993

Der Kruzifix-Beschluss: Haben die Verfassungsrichter die Axt wider das Kreuz erhoben? War die Entscheidung ein Frevel wider das christliche Erbe?

Das Bundesverfassungsgericht erließ am 16. Mai 1995 einen Beschluß, mit dem Teile der Bayerischen Volksschulordnung für ungültig erklärt wurden. Die Pflicht, in jedem Klassenzimmer ein Kreuz aufzuhängen, sei grundgesetzwidrig. Die Entscheidung stieß auf empörte Kritik.

Gottes Gericht

Am Karfreitag des Jahres 1792 steigt Claude Pascal, der vom Glauben abgefallene Küster von Montbernage, einem kleinen Vorort der französischen Stadt Poitiers, durch den Tannenwald hinauf zum Höhenkreuz. Dort schwingt er die Axt gegen den Herrgott, und er bricht in ein „häßliches Lachen" aus, als das Kreuz fällt. Und dann muss ein Mädchen hilflos weinend zusehen, wie der gottlose Küster einen Strick um den Querbalken schlingt und den Gekreuzigten hinter sich herschleift, um ihn zu Hause zu verbrennen. Gottes Strafe ereilt den Frevler: Kaum hat er das Kreuz in den Ofen geworfen, steht sein Haus lichterloh in Flammen und stürzt ein. Der Frevler wird wahnsinnig und kommt ins Irrenhaus. Gott hat gerichtet, sagen die Gläubigen.

So steht es in einem Jugendbuch des Erzählers Wilhelm Hünermann aus dem Jahr 1964, das im Freiburger Herder-Verlag zwei Dutzend Auflagen erlebt hat. Der Autor dieses Textes hat es damals gelesen. „Die Herrgottsschanze", so der Titel, beschreibt das Schicksal der katholischen Kirche in der Französischen Revolution; es schildert, wie sich kleine Messdiener und Dorfpfarrer gegen die Jakobiner und die Gottlosigkeit wehren.

Richterliche Unabhängigkeit

Haben nun die Verfassungsrichter die Axt wider das Kreuz erhoben? Wer in Bayern die Reaktionen der katholischen Kirche und der CSU auf den Kruzifix-Beschluß des Bundesverfassungsgerichts verfolgt, der könnte glauben, der irre Küster treibe nun in Karlsruhe sein Unwesen. Indes: In Karlsruhe sitzen keine Leute mit roten Jakobinermützen. Dort sitzen Richter, denen das Grundgesetz die Aufgabe übertragen hat, Hüter der Verfassung zu sein. Dort sitzen auch Richter, die – durchaus zum Wohlgefallen der katholischen Kirche und der CSU – zweimal eine mit breiter Parlamentsmehrheit beschlossene Neufassung des Abtreibungsparagraphen 218 gestoppt und zerrissen haben. Dort sitzen Richter, die – wiederum zum Wohlgefallen jetziger Kritiker – der Bundeswehr ihren weltweiten Einsatz erlaubt haben. Dort sitzen Richter, die den demokratiefeindlichen Maastricht-Vertrag gebilligt haben. Kurz gesagt: In Karlsruhe sitzen Richter, die zum Leidwesen der politischen Parteien, welche die Richter auswählen, nicht immer so entscheiden, wie sie das eigentlich erwartet hätten.

Das ist gut so, und man nennt das richterliche Unabhängigkeit. Dass es dem Verlierer nicht passt, wenn er verliert, dass er lamentiert und schreit und die Richter vielleicht zur Hölle wünscht – das ist normal. Heftige Kritik, auch am Verfassungsgericht, muss sein. Warum sollte es den hohen Verfassungsrichtern anders ergehen als den gewöhnlichen Amtsrichtern? Unabhängigkeit bedeutet nicht Unantastbarkeit. Beim Amtsgericht gibt es freilich Gerichtsvollzieher oder Polizeibeamte, die das rechtskräftige Urteil notfalls durchsetzen. Das Verfassungsgericht hat keine solchen Zwangsmittel. Es ist darauf angewiesen, dass sich der Unterlegene dem Urteil beugt – zähneknirschend, wenn es sein muss.

Segen der Autorität

Daran hat es bisher nie gefehlt, und für das Land war diese Autorität der höchsten Richter ein Segen. Nun, zum ersten Mal, beginnt eine zügellose politische Kampagne gegen die Richter. Zum ersten Mal wird zum Boykott einer Entscheidung aufgerufen: Der Kardinal von München, der Ministerpräsident von Bayern und seine CSU-Parteifreunde proklamieren, was ihnen sonst generell ein Greuel ist: „Ungehorsam" und „Widerstand". Kämen solche Forderungen in einem anderen Fall aus dem anderen politischen Lager, bei der CSU wäre wohl von strafbarer „Verunglimpfung" und von strafbarer „Nötigung eines Verfassungsorgans" die Rede; oder es würde, wie üblich, die Einführung eines speziellen neuen Straftatbestandes gefordert.

Recht, Herz und Seele

Die Agitation gegen die Richter rüttelt an einer Instanz, die in furiosen Leitentscheidungen die junge Republik geprägt hat: Das Gericht schlug die Neonazis und verbot 1952 die Sozialistische Reichspartei. Es schlug die Kommunisten und verbot 1956 die KPD. Es zerschlug 1961 Kanzler Adenauers Traum von einem Staatsfernsehen. Es bremste die finanzielle Expansion der Parteien durch das erste Spendenurteil im Jahr 1958 (oder versuchte das zumindest). Begriffe wie „freiheitlich demokratische Grundordnung", „streitbare Demokratie" und „Programmvielfalt" gingen in das Arsenal dieses Staates ein. Und mit ihrer Auslegung der Grundrechte haben die Richter dem Grundgesetz zu Glanz und Ausstrahlung verholfen.

Gleichwohl, die Reaktionen auf die Kruzifix-Entscheidung zeigen: Das verfassungsrechtlich Selbstverständliche ist vielen Menschen nicht geheuer. Wer die religiöse Neutralität des Staates ernst nimmt, kann kaum anders entscheiden als das Verfassungsgericht dies getan hat. Und doch: Die verfassungsrechtlich korrekte Kruzifix-Entscheidung rührt viele Menschen an Herz und Seele. Da gibt es viele, die sind mit Büchern wie der „Herrgottsschanze" groß geworden. Da gibt es auch viele, die einst erlebt haben, wie Kreuze abgehängt wurden – weil das verbrecherische NS-Regime (dem leider auch die Kirchen den Weg geebnet hatten) kein anderes Herrschaftszeichen als das seine dulden wollte. Gegen solche Gefühle ist schwer zu argumentieren.

Dabei haben sich die Verfassungsrichter beim Kruzifix-Beschluß um nachvollziehbare Argumentation sehr bemüht. Diesmal muss man nicht erst zehn Semester Staatsrecht gehört haben, um die Entscheidung zu kapieren; deutsche Urteile halten es nämlich ansonsten für ein besonderes Zeichen von Qualität, wenn sie so unverständlich sind wie das Telephonbuch von Shanghai – und bei diesem Kauderwelsch macht das höchste Gericht üblicherweise gerne mit. Wie gesagt, diesmal nicht. Die Richter hätten den Beschluß freilich auch noch dreimal so gut begründen können – an der ersten Welle der Kritik hätte sich nichts geändert. Jeder liest, so er es überhaupt liest, nur das, was er lesen will.

Kulturelle Werte

Wer der Entscheidung Kirchenfeindlichkeit unterstellt, der hat die nachfolgende Urteilspassage nicht registriert: „Auch ein Staat, der die Glaubensfreiheit umfassend gewährleistet und sich damit selber zu religiös-weltanschaulicher Neutralität verpflichtet, kann die kulturell vermittelten und historisch verwurzelten Wertüberzeugungen und Einstellungen nicht abstreifen, auf denen der gesellschaftliche Zusammenhang beruht und von denen auch die Erfüllung seiner eigenen Aufgaben abhängt. Der christliche Glaube und die christlichen Kirchen sind dabei, wie immer man ihr Erbe heute beurteilen mag, von überragender Prägekraft gewesen. Die darauf zurückgehenden Denktraditionen, Sinnerfahrungen und Verhaltensmuster können dem Staat nicht gleichgültig sein. Das gilt in besonderem Maß für die Schule ... Überdies darf der Staat ... auf die Religionsfreiheit derjenigen Eltern Rücksicht nehmen, die eine religiös geprägte Erziehung wünschen." Schreiben so Kirchenfeinde?

Das Verfassungsgericht hat Fehler gemacht – nicht so sehr bei seiner Entscheidung, aber sehr wohl bei der Vorbereitung der Öffentlichkeit auf seine Entscheidung: Einen Beschluß dieser Art kann man nicht einfach vor die Tür legen. Das Gericht hätte über die „Kruzifix-Sache" intensiv öffentlich verhandeln, der Öffentlichkeit also vorab Gelegenheit zur Diskussion und zur Vergegenwärtigung der Verfassungsrechtslage geben müssen. So aber kam der Kruzifix-Beschluß wie ein Blitz aus heiterem Himmel.

In den Entscheidungsgründen wünschte man sich, die Richter hätten sich besser in die Seelenlage vieler Christen eingefühlt: Dann hätten sie ein paar Handreichungen dazu gegeben, wie nun mit dem Beschluß in der Schulpraxis umzugehen ist. Und dann hätten sie deutlicher herausgearbeitet, dass sie nicht ein flächendeckendes Verbot des Kreuzes anordnen, sondern schlicht eine Vorschrift aufheben, die das Anbringen des Kreuzes zur Pflicht gemacht hat.

Untergang des Abendlandes? Warum war dann bisher das Kreuz nur für die bayerischen Voksschulen, nicht aber auch für die bayerischen Realschulen und Gymnasien angeordnet? Die anderen Bundesländer konnten schon bisher ohne Pflicht zur Anbringung eines Kreuzes gut leben. Bayern kann das auch.

Erschienen am 19.08.1995

Der Sonntag ist mehr als ein beliebiger freier Tag für jeden Einzelnen. Wäre er nur dies, dann wäre es egal, ob man am Dienstag oder Donnerstag seinen Sonntag feiert. Er ist ein Tag der Synchronisation der Gesellschaft, das macht ihn so wichtig. Ohne Sonntag wäre jeder Tag ein Werktag.

Sonett für den Sonntag

Die Kirchen verteidigen den Sonntag. Sie verteidigen ihn nicht nur mit Gebet, Predigt und Inbrunst, sondern auch mit einer Verfassungsbeschwerde vor dem Bundesverfassungsgericht in Karlsruhe. Sie verteidigen den Sonntag gegen seine Kommerzialisierung und gegen das Land Berlin, das bei den Ladenöffnungszeiten am Sonntag am weitesten von allen deutschen Bundesländern geht. Die Kirchen haben in den Gewerkschaften Streithelfer, die ihnen applaudierend zur Seite stehen. Die Kirchen argumentieren mit einer jahrhundertealten Tradition, die Rainer Maria Rilke in seinem Stunden-Buch sprachmächtig beschreibt. Er lässt seinen Mönch zu Gott sprechen: „Du bist, der niemals Sonntag hat. Wenn bei uns Mühle steht und Säge, und alle trunken sind und träge, dann hört man deine Hammerschläge, an allen Glocken in der Stadt".

Die Kirchen fordern, dass der Sonntag der Tag bleibt, an dem man Gott und seine Hammerschläge hören kann. Und die Gewerkschaften wollen, dass der Sonntag der Tag bleibt, an dem man Ruhe haben kann. Warum? Wer heute regelmäßig an Sonntagen einkaufen gehen kann, der wird morgen regelmäßig sonntags arbeiten müssen. Es geht bei der Rettung des Sonntags nicht nur um Tradition und Religion. Die Kirchen wollen ihn natürlich als den Tag der religiösen Erhebung, die Gewerkschaften als soziale Einrichtung erhalten. Der Sonntag ist aber mehr: Er ist nicht nur der individuelle freie Tag für den Einzelnen. Wäre er nur dies, dann wäre es egal, wer an welchem Tag seinen Sonntag hat. Der Sonntag ist auch ein Tag der Synchronisation der Gesellschaft; das macht ihn so wichtig. Würde daraus ein individuell gleitender Tag, dann wäre jeder Tag Werktag. Dann verschwände der Fixpunkt der Woche. Natürlich hat es Ausnahmen vom Gebot der Sonntagsruhe immer gegeben – das darf und muss so sein, zumal schon in der Bibel steht, dass der Sabbat für den Menschen da ist, nicht der Mensch für den Sabbat. Sonntagsarbeit ist in bestimmten Berufen notwendig. Eine generelle Öffnung der Geschäfte macht aber aus der Ausnahme die Regel; so verändert sich das generelle Bild des Sonntags.

Das Bundesverfassungsgericht hat am 1. Dezember 2009, auf eine Verfassungsbeschwerde der Kirchen hin, eine recht spektakuläre, eine unerwartete Entscheidung gefällt, in der es den Schutz des Sonntags mit zwei anderen Verfassungsartikeln verbindet: mit dem Schutz der Arbeitnehmer und mit dem Schutz der Familie. Das Sonntagsgebot beruhe auf einer historisch und verfassungsrechtlich so fest abgesicherten Tradition, dass man sie nicht einfach mit einem Ladenschlussgesetz beiseiteschieben könne. Anders gesagt: Es gibt ein Sonntags-Grundrecht, es gibt ein Grundrecht auf Achtung der Sonntagsruhe.

Das Sonntags-Grundrecht

Die Verfassungsrichter haben das Sonntags-Grundrecht nicht neu erfunden, sondern es nur gefunden, es wieder entdeckt. Das Sonntags-Grundrecht war schon bisher existent, aber nicht einmal die Autoren der Jura-Lehrbücher haben es noch geachtet. Es lag verstaubt und vergessen auf dem Spitzboden des Verfassungsrechts; es stand also dort, wo sich Pretiosen von einst als Trödel und Gerümpel stapeln, bis sie der Enkel der Oma findet und bei Ebay als „Dachbodenfund" verkauft.

Beim Sonntags-Grundrecht handelt es sich tatsächlich um eine Antiquität, es mutet an wie das alte Katechismus-Sprüchlein „Der Sonntag ist der Tag des Herrn, am Sonntag ruh und bete gern". So haben es die Urgroßeltern im Religionsunterricht gelernt. Und als verstaubter Verfassungssatz liest es sich so: „Der Sonntag und die staatlich anerkannten Feiertage bleiben als Tage der Arbeitsruhe und der seelischen Erhebung rechtlich geschützt." Das steht eigentlich nicht direkt so im Grundgesetz, sondern im Artikel 139 der Weimarer Reichsverfassung von 1919. Dieser nun 90 Jahre alte Verfassungssatz ist freilich nicht mit der Weimarer Republik untergegangen, sondern durch Artikel 140 des Grundgesetzes dessen Bestandteil geworden. Außer den Kirchen und den Gewerkschaften weiß das kaum noch jemand. Die Verfassungsrichter haben diese Pretiose nun nicht nur vom Dachboden geholt und entstaubt, sie haben sie poliert – und dann glänzend neu aufgestellt: nicht als Klimbim, sondern als Recht auf einen ruhigen Sonntag für jeden.

Rund um die Uhr Alltag?

Es ergibt sich aus diesem Verfassungsartikel, so das höchste Gericht, nicht nur eine allgemein-unverbindliche Pflicht des Staates, den Sonntag zu achten. Es ergibt sich daraus ein Recht der Kirchen, der Gläubigen, der Arbeitnehmer, der Familien und der Gewerkschaften, geschützt zu bleiben vor „ausufernden Ausnahmen" von der Sonntagsruhe. Das Berliner Gesetz, das an allen vier Adventssonntagen vor Weihnachten die Ladenöffnung erlaubt, wurde von Karlsruhe für verfassungswidrig erklärt, weil so der Ausnahmecharakter der Ladenöffnung am Sonntag nicht mehr deutlich werde: Das hektische Treiben, so die Richter, erfasse ja nicht nur die Läden selbst, sondern präge das ganze Straßenbild, sodass vier Wochen lang rund um die Uhr Alltag herrsche. Ladenöffnungen soll es nur an einzelnen Sonntagen geben dürfen, aber nicht an vielen Sonntagen hintereinander. Die Richter haben den Ländern dafür eine Formel an die Hand gegeben, sie lautet: werktags fast immer, gegebenenfalls auch rund um die Uhr, sonntags nur ganz ausnahmsweise. Das mag rührend altmodisch sein, richtig ist es trotzdem: Der Sonntag ist dadurch Sonntag, dass er anders ist als andere Tage. Es geht nicht nur um Tradition, um Religion und um eine soziale Errungenschaft. Ohne Sonntag wäre jeder Tag ein Werktag, dann verschwände ein Fixpunkt der Woche. Natürlich darf es Ausnahmen geben, auch die Sonntagsarbeit für bestimmte Berufsgruppen. Aber wenn aus der Ausnahme die Regel wird, dann macht die Ökonomisierung des Sonntags nicht in den Warenhäusern Halt. Das Gericht gibt jedem ein Recht auf einen ruhigen Sonntag. Man muss ihn nicht in Anspruch nehmen. Jeder kann damit machen, was er will. Aber es ist gut, dass es ihn gibt.

So viel Sonntag wie möglich

Eine schöne chassidische Erzählung lehrt, wie man mit dem Sabbat, mit dem Sonntag, richtig umgeht. Zwei Juden debattieren darüber, wer ihr größter Rabbi sei. Der eine sagt: „Ganz klar: meiner. Er geht in ein Dorf, legt einem Kranken die Hand auf, und der wird gesund. Wir brauchen nicht zu streiten." – „Doch, sagt der andere, mein Rabbi ist der größte, hör zu: Fuhr unser Zug von Lodz nach Lublin, mitten im Winter, die Gleise waren verweht, der Zug kam nicht weiter; die Männer fluchten, schaufelten herum, die Frauen froren, die Kinder weinten. Endlich waren die Gleise frei – aber der Sabbat war angebrochen, wo kein Rad sich drehen und kein Zug fahren darf. Was tat mein Rabbi? Ein Wunder: Er sprach den Sabbatsegen über alle. Und jetzt vernimm: Links vom Gleis stand der Sabbat, rechts vom Gleis stand der Sabbat – und mitten durch fuhr unser Zug." Die Lehre für heute: Es ist gut, vom Sonntag so viel wie möglich stehen zu lassen.

Zusammenfassung von Kommentaren, die am 19.11.2007, 22.07.2009 und 20.03.2010 erschienen sind.

In der Demokratie ist der Sozialstaat für das zuständig, was in der Religion die Taufe bewirkt: Der Sozialstaat sorgt dafür, dass die Menschen Anteil haben an der Gemeinschaft und gleiche Lebenschancen.

Karl Moor, Räuber Kneißl und Papst Paul

Die soziale Gerechtigkeit, der Fortschritt der Völker und der Widerstand der Kirchen gegen das Kapital

Im alten Christentum nannte man die Leute, die noch nicht getauft waren, aber sich taufen lassen wollten, Katechumenen. Sie durften vor ihrer Taufe nur am Wortgottesdienst teilnehmen, nicht an der gesamten Eucharistiefeier. In den alten Gotteshäusern, in denen das Kirchenschiff durch ein Eisengitter abgetrennt war, mussten sie hinter dem Eisengitter bleiben. Mit der Taufe waren sie dann voll dabei. In der Demokratie ist der Sozialstaat für diese Taufe zuständig, er muss dafür sorgen, dass die Menschen voll dabei sein können, dass sie Anteil haben an der Gemeinschaft und gleiche Lebenschancen. Der Sozialstaat muss Ausschluss beseitigen, er muss der Exklusion vorbeugen. Er tut es – zu wenig.

„Zum Unglück hat sich mit der Industrie ein System verbunden, das Profit als den eigentlichen Motor des gesellschaftlichen Fortschritts betrachtet, den Wettbewerb als das oberste Gesetz der Wirtschaft, Eigentum an den Produktionsgütern als absolutes Recht, ohne Schranken, ohne entsprechende Verpflichtung der Gesellschaft gegenüber." Das ist kein Zitat aus den Schriften von Karl Marx. Und es stammt auch nicht aus einem Flugblatt, das vor den Toren einer Fabrik verteilt wurde. Der Satz ist vierzig Jahre alt. Er stammt von Papst Paul VI., aus seiner Enzyklika über den Fortschritt der Völker, Populorum progressio. Diese Schrift hat prophetische Kraft, weil sie die Globalisierung schon ahnt, und sie ist zugleich von einer anrührenden Hilflosigkeit, weil sie mit dem Appell endet: „Noch einmal sei feierlich daran erinnert, dass Wirtschaft im Dienst des Menschen steht."

Eine säkularisierte Heilslehre

Wer gehässig sein will, der mag sagen: Das ist das Lamento eines Vertreters der alten Religion gegen die neue, die Klage eines Konkurrenten also, der spürt, was da an Gefahr für ihn heranwächst – ein neuer Glaube an neue höhere Mächte, die jetzt „freier Markt" heißen und „Gewinnmaximierung", getragen von der Religionsgemeinschaft der Ökonomen, deren Mitglieder sich „Shareholder" nennen und deren Credo mit dem Satz beginnt „Ich glaube an die Kräfte des Marktes, die alles wunderbar regieren", und mit dem Bekenntnis zum ewigen Wachstum endet.

Der moderne Kapitalismus ist eine säkularisierte Heilslehre. An die Stelle der Verheißung jenseitiger Erlösung, wie sie das Christentum anbietet, tritt die Verheißung der diesseitigen Erlösung durch Reichtum. Der „Stahlkönig" und spätere Philanthrop Andrew Carnegie, der in seinen Aufstiegsjahren einer der berüchtigtsten „robber barons" unter den amerikanischen Tycoons des neunzehnten Jahrhunderts war, verfasste unter dem Titel „Das Evangelium des Reichtums" eine Schrift, in der er die Konzentration großer Vermögen in den Händen der Tüchtigen als Segen für die Menschheit pries. Dergleichen findet sich auch bei Friedrich August von Hayek, einem der geistigen Väter des Neoliberalismus, wieder – die Reichen als Schrittmacher des gesellschaftlichen Fortschritts.

Wenn sich Hayek gegen die Besteuerung der Reichen und im besonderen gegen die Steuerprogression wendet, so kann man ähnliches (darauf hat der Sozial- und Wirtschaftshistoriker Karl Bachinger hingewiesen) schon beim Sozialdarwinisten Herbert Spencer („survival of the fittest") im Jahr 1896 nachlesen, der

Sozialpolitik mit dem Argument ablehnte, sie würde den „Rechtschaffenen und Unabhängigen" mit „Extralasten überbürden" und eine Besteuerung der Leistungsträger würde deren Leistungsfähigkeit schwächen. Bachinger stellt treffend fest, dass dieses Argument heute in fast jeder neoliberalen und neokonservativen Kritik am Sozial- und Wohlfahrtsstaat wieder auftaucht, und fasst seine Studien über die Legitimation von Reichtum im neuzeitlichen Kapitalismus pointiert zusammen: Bei der Lektüre von neoliberalen Texten „wachsen einem sehr lange, sehr graue Bärte entgegen". Er analysiert freilich auch mit Recht, dass die alten Glaubenssätze und die Apologetik des Kapitalismus heute eine innergesellschaftliche Breiten- wie auch Tiefenwirkung erreichen, „wie sie nie zuvor in der Geschichte der Fall war".

Der Papst, der die neoliberale Ökonomie scharf kritisiert, ist kein Ökonom, aber er hat, und das ist eine Kompetenz eigener Art, reiche Erfahrungen auf dem Gebiet des Totalitarismus: Aus der Geschichte seiner Kirche weiß er ganz gut, wie menschenverachtend Religionen sein können, wie sie, wenn es das System zu verteidigen gilt, sich nicht scheuen, Menschen zu opfern. Der Vulgärliberalismus hat alle Züge einer primitiven Glaubenslehre – weil er die Welt mit einem simplen Rezept, der Entfesselung der Marktkräfte, kurieren will. Die Simplizität der Rezeptur hat der Vulgärliberalismus mit dem Vulgärmarxismus gemein, und dass er sich so vulgär gebärdet, ist nur deshalb möglich, weil dieser das Zeitliche gesegnet hat.

Als der Vorstandsvorsitzende des französischen Elf-Konzerns, Philippe Jaffre, seine ausländischen Aktionäre am 11. August 1999 zu einem Treffen im engen Kreis nach London einlud, warb er um deren Gunst mit den Worten: „Seit ich diesen Posten bekleide, habe ich 15 Prozent der französischen Arbeitsplätze in unserer Unternehmensgruppe abgebaut. Ich hatte da zwar einige Probleme mit den Gewerkschaften, aber ich habe es getan. Und ich werde damit weitermachen." Viele haben damit weitergemacht. Noch viel mehr, noch viel schärfer. 15 Prozent – das gilt Shareholdern als Einstiegsdroge. Sie sind in der Lage, den gesellschaftlichen Reichtum wie Rahm von der Milch abzuschöpfen, ohne darauf zu achten, unter welchen Bedingungen die Milch produziert wird. Sie gehen davon aus: Wenn eine Kuh verendet, dann gibt es noch viele andere Kühe.

Religion stützt sich, hat der Philosoph Bertrand Russell einmal gesagt, vor allem und hauptsächlich auf Angst. Angst gibt es in der globalisierten Welt genug. Die Menschen fühlen sich wie Waren behandelt; sie empören sich in ihrer Hilflosigkeit dagegen, dass die Börse mit Kurssprüngen reagiert, wenn Fabriken schließen; sie erleben das internationale Wirtschaftssystem als zynischen Mechanismus, der sie zu Verlierern macht.

Vor hundertfünfzig Jahren, als Marx und Engels das Manifest schrieben, war klar, wer „Ausbeuter" und wer „Ausgebeuteter" war. Es bestand ein persönliches Verhältnis zwischen beiden: Wenn einer „seine" Leute ausbeutete, dann hatte er auch die Folgen vor Augen. Er musste sich das Elend anschauen. Das ist heute anders (nicht nur, weil das Elend nicht mehr so elendig ausschaut wie damals). Heute ist es so: Die Folgen der Shareholder-Gier rücken weit weg, der Aktionär, den nichts anderes interessiert als die schnelle Mark, sieht die Auswirkungen seines Tuns nicht mehr. Die Verantwortung zerstiebt in zehntausende Partikel, genannt Aktien, und wird individuell nicht mehr spürbar; Verantwortung hat zudem eine anonyme Adresse erhalten in Großbanken und Rentenfonds. Das hat dazu geführt, dass die Shareholder an der langfristigen Rentabilität eines Unternehmens wenig Interesse haben, weil sie in ihm nur eine Geld-Schnelldruckmaschine sehen und sich daher auch der Erkenntnis verweigern, dass ein Unternehmen, das mit einer lernfähigen, gut ausgebildeten Mannschaft durch eine Krise steuert, langfristig wesentlich höhere (und dabei sozialverträgliche) Gewinne erzielen kann.

Die Folgen seiner Gier sieht der Shareholder nicht mehr, die schädlichen Folgen rücken weit weg. Es ist beinahe so wie bei den modernen Waffensystemen: Früher rammte der Soldat dem Gegenüber das Bajonett in den Bauch, trat er dem anderen Aug in Aug gegenüber. Heute ist der Gegner kein Gegenüber mehr: Der Bomberpilot fliegt so hoch oben, dass ihm nur noch der Computer zeigt, wohin er bombt. Zwischen Täter und Opfer tritt also immer größere Distanz – und die Tat des Täters wird, ihrem Erscheinungsbild nach, immer harmloser: Da sitzt einer an einem Pult und drückt auf einen Knopf. Bei einer feindlichen Übernahme sagen die Aktionäre nur einfach „Ja" zu einem für sie schönen Angebot. Und wenn schneller Profit winkt, stimmt selbst der gern zu, der sonst durchaus bereit ist, über den Zynismus des Marktes zu klagen.

Schrankenlose Freiheit zerstört sich selbst

Das alles sind, so heißt es, Erscheinungsformen und Folgen der Globalisierung; dagegen, so heißt es, kann man nichts machen. Globalisierung sei nun einmal so etwas wie ein Naturgesetz. Damit soll ausgesagt werden, dass Gesetze, dass internationale Regeln von vornherein sinnlos seien: Die Natur lasse sich nicht mit Regeln bändigen. Nun sagt freilich eine Erfahrung, die man getrost Menschheitserfahrung nennen kann, dass schrankenlose Freiheit sich selbst zerstört – das gilt auch für die Marktfreiheit. Wer sie postuliert, der muss, als Manager, Unternehmer, Banker oder Shareholder wissen, dass er in einer Gemeinschaft lebt, deren Zusammenhalt er nicht gefährden darf, ohne die Basis zu zerstören, auf der er arbeitet. Auch die globalisierte Wirtschaft basiert auf staatlicher Gemeinschaft – und es stimmt deshalb nicht, dass der Staat sich immer noch leichter machen muss damit die Wirtschaft mit ihren Gewichten wuchern kann. Wie es um die Gewichtsverteilung derzeit schon bestellt ist, zeigt ein Blick in die eher schäbige nächste Polizeistation und dann ein Blick in die Geschäftsräume der Bank an der Ecke.

Die internationale Staatengemeinschaft hat in der Vergangenheit Handelsschranken abgebaut und dem Freihandel die Türen geöffnet. Daraus entsteht eine Garantenpflicht – die Pflicht, schädliche Folgen abzuwenden, die Pflicht, Verkehrsregeln für den globalen Marktplatz zu finden. Die Welthandelsorganisation muss über die Errichtung eines Weltkartellamts reden und über die Beseitigung von Steuerparadiesen, dank derer sich die Finanzwelt an räuberische Prinzipien gewöhnt; auch darüber, wie soziale Mindeststandards gesichert werden können und wie es gelingen kann, durch einen Rechtsrahmen zu gewährleisten, dass globalisierte Wirtschaft nicht zugleich erntet und zerstört. Das liegt im Eigeninteresse der Glaubensgemeinschaft der Ökonomen: Religion überlebt nämlich nur mit einem Kern an Moralität – dazu gehört ein Recht ihrer Katechumenen auf soziale Gerechtigkeit.

Gerechtigkeit in Strumpfhosen

Es gab eine Zeit, da trug die soziale Gerechtigkeit Strumpfhosen. Sie wohnte im Sherwood Forest in der Nähe von Nottingham und raubte reiche weltliche und geistliche Herrn aus, um deren Überfluss unter den Armen zu verteilen. Mit der Hälfte des Geldes, das Robin Hood den französischen Seeräubern abnahm, baute er ein Armenhaus. Und so ähnlich taten es Karl Moor, der Schinderhannes und der Räuber Kneißl. Es dauerte dann ein paar Jahrhunderte, bis die soziale Gerechtigkeit aus den Wäldern, den unzugänglichen Gebirgen und Wüsteneien herauskam und sich, unter anderem, ins Grundgesetz hineinschlich.

Keiner weiß genau, wie sie dort hineinkam. Die „Motive", die Bücher also, die über den Entstehungsprozess der Verfassung berichten, wissen davon nicht allzu viel: Der SPD-Parlamentarier Carlo Schmidt hat im Grundsatzausschuss des Parlamentarischen Rates, als es um den Entwurf einer Bestimmung ging, welche die wesentlichen Eigenschaften des Staates zum Ausdruck bringen sollte, die Formulierung „sozialer Rechtsstaat" und „soziale Republik" vorgeschlagen. Daraus wurde dann auf Vorschlag von Theodor Heuss in der zweiten Lesung des Hauptausschusses vom 15. Dezember 1948 die Fassung, die als Artikel 20 Absatz 1 Grundgesetz geworden ist. Dort ist jetzt die soziale Gerechtigkeit, zum Segen des Landes, zu Hause: „Die Bundesrepublik Deutschland ist ein demokratischer und sozialer Bundesstaat." Und im Artikel 28 Absatz 1 hat sie einen Zweitwohnsitz. Dort heißt es: „Die verfassungsmäßige Ordnung in den Ländern muss den Grundsätzen des ... sozialen Rechtsstaates im Sinne dieses Grundgesetzes entsprechen." Mittlerweile hat die soziale Gerechtigkeit im großen Haus des Gesetzes auch eine abgeschlossene Wohnung für sich. Paragraph 1 Absatz 1 des Sozialgesetzbuches I lautet nämlich: „Das Recht des Sozialgesetzbuchs soll zur Verwirklichung sozialer Gerechtigkeit und sozialer Sicherheit Sozialleistungen ... gestalten." Das heißt: Sozialrecht steht im Dienst sozialer Gerechtigkeit.

Dass der Gebrauch des Eigentums zugleich dem Wohl der Allgemeinheit dienen soll, war früher ein räuberisch-edles Motto. Heute schmückt es das Grundgesetz. Früher, als sich die soziale Gerechtigkeit noch in den Wäldern verstecken musste, warteten auf sie Sheriff, Polizei und Gefängnis, um sie einzusperren und zu exekutieren. Heute ist das Bundesverfassungsgericht da, um sie zu pflegen und sie gegen die Kräfte zu stärken, die sie wieder in die Wälder vertreiben wollen, weil sie außerhalb davon ein störender „Standortnachteil" sei. Die soziale Gerechtigkeit ist also nobilitiert, sie ist demokratisch geadelt, sie ist nicht mehr gesetzlos, sondern Gesetz, nicht mehr „outlaw", sondern „law". Eines aber ist sie nach wie vor: Sie ist schwer greifbar, und sie lässt sich nicht so einfach in die Pflicht nehmen. Der Räuber Kneißl seinerzeit hätte dem armen Bauern etwas gepfiffen, der von ihm verlangt hätte, einem ganz bestimmten reichen Pfaffen bei einer ganz bestimmten Gelegenheit ein ganz bestimmtes Goldstück abzunehmen. Es sei immer noch, so hätte der Kneißl gesagt, „seine Sach'", was er sich wann und bei wem hole. Und so ist das auch geblieben. Welche Maßnahme sozialstaatlich geboten ist, bestimmt der Staat: Der Gesetzgeber legt das im Allgemeinen fest und die beiden anderen Gewalten interpretieren es im Einzelfall.

Es gibt also keinen individuellen Anspruch auf soziale Gerechtigkeit. Sie sei, so sagen die Juristen, ein objektives Prinzip,

kein subjektives Recht. Deshalb lässt sich weder die Wieder-
einführung einer Vermögensteuer noch die Erhöhung der Erb-
schaftssteuer einklagen; und einem Sozialhilfebezieher wird es
auch nicht gelingen, sich gegen die gesetzliche Kürzung der Leis-
tungen dadurch zu wehren, dass er sich auf die soziale Gerechtigkeit beruft.

Was hat es also auf sich mit einem Recht auf soziale Gerech-
tigkeit, auf das man kein persönliches, einklagbares Anrecht hat?
Es verhält sich damit so ähnlich wie mit dem Recht auf Arbeit, das
in einigen Landesverfassungen niedergelegt ist. Und mit diesem
Recht auf Arbeit wiederum verhält es sich so ähnlich wie mit dem
Schutz von Ehe und Familie, der im Grundgesetz garantiert wird.
Diese Garantie bedeutet nicht, dass einem der Staat auf Wunsch
Ehepartner und Familie besorgt; sie bedeutet aber, dass er für Bedingungen sorgt, in denen Ehe und Familie gedeihen können. So
ist es auch mit dem Recht auf Arbeit. Der Staat hat, „im Rahmen
seiner Kräfte", wie es zum Beispiel die brandenburgische Verfassung formuliert, für soziale Sicherung, für angemessene Wohnung
und Arbeit zu sorgen. Man kann milde darüber lächeln, weil sich
von vielversprechenden Wörtern niemand etwas kaufen kann und
die Finanzlage des Landes noch nie sehr vielversprechend war.
Und trotzdem zeigen diese Sätze, dass sich der Staat selbst in die
Pflicht nehmen will, sie zeigen, wo der Staat Schwerpunkte setzt –
und dass er nicht einfach darauf vertraut, dass der Markt schon alles richtet. Solche Sätze formulieren Verantwortungsbereitschaft.
Und sie können dem Staat den Fluchtweg versperren, wenn er seiner Verantwortung entfliehen will. Diese Sperren sollten hoch und
massiv sein – um eine Flucht ins 19. Jahrhundert zu verhindern.

Das 19. Jahrhundert heißt in einer Erzählung des Dichters
Wilhelm Raabe aus dem Jahr 1884 „Krickerode". Die Erzählung
handelt von einer alten, durch ihr Gasthaus weithin bekannten
Mühle – Pfisters Mühle, so auch der Titel der Geschichte. Fluss-
aufwärts, in Krickerode, wird eine Zuckerfabrik gebaut, die das
Wasser verschmutzt und die Fische vergiftet und so die Existenz
von Mühle und Gasthaus zerstört. Der alte Pfister nimmt sich den

Advokaten Doktor Riechei; er gewinnt den Prozess, ohne damit aber seine Mühle retten zu können. Der Anwalt hat denn auch kein Verständnis dafür, warum der alte Pfister sich nicht einfach den Gesetzen des neuen Marktes unterwirft und sich nimmt, was dort zu holen ist. Er schaut Pfister höchst verwundert an und fragt ihn tadelnd: „Um Gottes willen! Weshalb haben Sie Krickerode eigentlich nicht mit gegründet?"

Die Gegner der sozialen Gerechtigkeit sehen die Zukunft in Zuständen, wie sie am Ende des 19. Jahrhunderts der Paragraph 903 des Bürgerlichen Gesetzbuches formuliert hat: „Der Eigentümer einer Sache kann ... mit der Sache nach Belieben verfahren." So war das einmal. Und dahinter steckt, wie das der Historiker Thomas Nipperdey einmal für den Wirtschaftsliberalismus der Mitte des 19. Jahrhunderts formuliert hat, „der pausbäckige Glaube an Fortschritt und Modernität, an die Zukunft, an die Einheit von Freiheit und Glück".

Hundert Jahre Rechtsgeschichte haben freilich dazu geführt, dass dieser Satz nicht mehr so gilt, wie er dasteht. Der Gesetzgeber hat lernen müssen, dass es unzuträglich ist, wenn ein Eigentümer mit seinen Häusern oder seinem Unternehmen nach Belieben verfährt. Das unumschränkte Herrschaftsrecht des Eigentümers und die völlige Vertragsfreiheit, das freie Spiel der Kräfte, produzieren unannehmbare Ergebnisse.

Zurück ins 19. Jahrhundert?

Völlige Vertragsfreiheit heißt: Die Vertragsparteien können ihre Beziehungen zueinander beliebig gestalten. Der Beliebigkeit müssen aber Grenzen gesetzt werden, wenn bei bestimmten Vertragsverhältnissen regelmäßig einer klar der Stärkere und der andere klar der Schwächere ist. Sonst entwickelt sich vor allem im Eigentums-, Arbeits-, Boden- und Mietrecht die tatsächliche Macht des wirtschaftlich Stärkeren zum Recht des Stärkeren. Deshalb musste der Gesetzgeber zum Beispiel in den sensiblen Bereichen Arbeits- und Mietrecht vielfach regulierend eingreifen, um soziale

Katastrophen zu verhindern. Gleichwohl gilt seit einiger Zeit die Rückkehr zu möglichst weitreichender Vertragsfreiheit wieder als Rezept zur Behebung wirtschaftlicher Schwierigkeiten. Wer dann widerspricht und auf das Grundgesetz und die Sozialbindung des Eigentums verweist, der wird bisweilen fast so angeschaut wie in der alten Bundesrepublik einer, der in der kommunistischen Partei DKP war und Lehrer werden wollte.

Zurück ins 19. Jahrhundert? Als das Bürgerliche Gesetzbuch 1896 verabschiedet wurde und 1900 in Kraft trat, war das Wort „sozial" für die damals herrschende Politik und für die damals herrschende Meinung in der Rechtswissenschaft ein Schimpfwort. Das Bürgerliche Recht sollte „abstrakt" sein, und das bedeutete auch, dass es die sozialen Probleme nicht zur Kenntnis nahm. Darauf waren seine Schöpfer stolz, weil sie ein vermeintlich unpolitisches Recht schaffen wollten. Sie postulierten die ungehemmte Vertragsfreiheit. Indes: „Schrankenlose Vertragsfreiheit zerstört sich selbst. Eine furchtbare Waffe in der Hand des Starken, ein stumpfes Schwert in der Hand des Schwachen, wird sie zum Mittel der Unterdrückung des einen durch den anderen, der schonungslosen Ausbeutung geistiger und wirtschaftlicher Übermacht. Das Gesetz, welches mit rücksichtslosem Formalismus aus der freien rechtsgeschäftlichen Bewegung die gewollten oder als gewollt anzunehmenden Folgen entspringen lässt, bringt unter dem Schein einer Friedensordnung den bellum omnium contra omnes (den Krieg aller gegen alle) in legale Formen. Mehr denn je hat das Privatrecht den Beruf, den Schwachen gegen den Starken, das Wohl der Gesamtheit gegen die Selbstsucht des einzelnen zu schützen."

Das aalglatte Bürgerliche Gesetzbuch

Diese Sätze stehen nicht in einer Gewerkschaftsbroschüre, sondern in einem Vortrag des Rechtsgelehrten Otto von Gierke aus dem Jahr 1889 über „die soziale Aufgabe des Privatrechts". Sie haben damals wenig geholfen. Das Bürgerliche Gesetzbuch blieb für die sozialen Probleme blind. Es war ein aalglattes und eiskaltes Gesetz. Es erlaubte den Armen und den Reichen gleichermaßen, unter den Brücken zu schlafen. Das ist die Freiheitsidee der Zyniker.

Als freilich im Ersten Weltkrieg der Wohnungsbau stagnierte und Wohnungen knapp wurden, da begann der Gesetzgeber langsam zu verstehen, dass es mit der Vertragsfreiheit der Vermieter seine Grenzen haben musste: Er erfand die Preisregulierung, den Kündigungsschutz und die Wohnraumbewirtschaftung. An die Stelle des freien Spiels der Kräfte trat ein Gemisch von Individualfreiheit, Sozialstaat und Krisenbewältigung. In der Weimarer Zeit entstand das Arbeitsrecht – es ist nichts anderes als ein detailliertes Instrumentarium zur Einschränkung der hemmungslosen Vertragsfreiheit des Bürgerlichen Gesetzbuchs im Bereich des sogenannten Dienstvertrages. Im Lauf der Jahrzehnte, zuletzt während der sozialliberalen Koalition, entwickelte sich ein ziseliertes Recht zum Schutz der Mieter. Der Gesetzgeber präzisierte so die im Grundgesetz vorgeschriebene Sozialbindung des Eigentums; sie lastet wie eine Hypothek auf dem Haus- und Wohnungseigentum. Das weiß aber jeder, der eine Wohnung als Wirtschaftsgut nutzt, und er kann damit kalkulieren. Ähnlich bei den Arbeitsverhältnissen: Wenn der Unternehmer und der einzelne Arbeiter verhandeln – dann ist man bei den freien Lohnarbeitsverhältnissen des 19. Jahrhunderts. Damals mussten die Arbeiter jeden Hungerlohn annehmen, um überhaupt überleben zu können. Das ist heute abgefangen – der Gesetzgeber hat in den Mechanismus von Angebot und Nachfrage eingegriffen, und so entstand im Lauf der Jahrzehnte das individuelle und kollektive Arbeitsrecht. Die Gewerkschaften halfen dem Gesetzgeber dabei auf die Sprünge.

So wurde allmählich die exklusive Vertragsmacht des Arbeitgebers von einem Regelsystem begrenzt; die Vertragsfreiheit wurde weitgehend aufgehoben, das Verhältnis zwischen Starken und Schwachen auf diese Weise ausgeglichen. Ludwig Erhard hat als CDU-Wirtschaftsminister in den Jahren des Aufbaus nach dem Zweiten Weltkrieg dieses Prinzip zur sozialen Marktwirtschaft vervollkommnet. Das Gesetz gegen Wettbewerbsbeschränkungen von 1957 verbot auch die Freiheit, Kartelle zu bilden und damit die Preise zu diktieren.

Ungleichheit, Unfreiheit

Und nun? Alles retour? Manche glauben, man brauche nur die Vertragsfreiheit wiederherzustellen und die Wirtschaft beginne sogleich, wie von einem Albtraum befreit, durchzuatmen. Doch dann begänne der Albtraum erst. Wenn Ungleichheit ein bestimmtes Maß übersteigt, geht sie über in Unfreiheit. Diese Gefahr ist noch größer als vor hundertfünfzig Jahren – und den Eintritt dieser Gefahr hat der Staat zu verhindern. Das Recht auf soziale Gerechtigkeit ist insofern ein Recht der Bürgerinnen und Bürger auf ein staatliches Agieren, das ein Übermaß an Ungleichheit mit geeigneten Mitteln abwehrt.

Artikel 14 Absatz 2 des Grundgesetzes sagt: Eigentum verpflichtet – das bedeutet, ein Unternehmen nicht als bloße Geldmaschine zu betrachten, sondern auch als Gemeinschaft arbeitender Menschen. Die Gefahren der entfesselten Marktkräfte werden mitnichten durch ein neues Wertebewusstsein der Akteure am Markt ausgeglichen. Dies zu erwarten wäre naiv. Wenn das aber so ist, hat der Staat als Vertreter des Gemeinwohlinteresses die Aufgabe, den knappen Satz „Eigentum verpflichtet" zu konkretisieren – also, zum Beispiel, zu fragen, ob ein Aktien- und GmbH-Recht, das in völlig anderen Zeiten und unter anderen Bedingungen entstanden ist, nicht völlig überarbeitet werden muss.

Es sind nicht nur die Regeln des Sozialstaats, sondern auch die Regeln des Wirtschaftsrechts reformbedürftig. Man muss etwa die Frage stellen, ob die Rolle der Aktionäre und ihr schicksalsmächtiger Einfluss auf ein Unternehmen nicht viel zu dominant ist. Die Globalisierung erlegt also auch dem Staat Prüfungs- und Handlungspflichten auf. Solange er diesen Pflichten nicht nachkommt, sind staatliche Hilfen bei einer arbeitsplatzerhaltenden Sanierung eines insolventen Unternehmens als Ausgleich und

Nothilfe zu betrachten – als Nothilfe nicht für eine verwirtschaftete Firma, sondern für deren Arbeitnehmer. Der Bundesverband der deutschen Industrie nennt solche Hilfe „tragisch", weil sie nicht ins System passe. Wirklich tragisch wäre es aber, wenn das „System" wichtiger wäre als der Mensch.

Ein persönlicher Schutzengel

Der deutsche Sozialstaat hat eine Erfolgsgeschichte hinter sich: Er hat zunächst dafür gesorgt, dass Kriegsinvalide und Flüchtlinge einigermaßen leben konnten. Dann hat er dafür gesorgt, dass auch ein Kind aus kärglichen Verhältnissen studieren konnte und es bis zum Bundeskanzler bringen konnte. Der Sozialstaat war eine Art persönlicher Schutzengel für jeden einzelnen. Ihn heute verächtlich zu machen ist nicht Ausdruck von cooler Selbstverantwortung, sondern von Überheblichkeit und Dummheit. Ohne den Sozialstaat hätte es nicht nur einmal gekracht in dieser Republik; der Sozialstaat hat soziale Gegensätze entschärft. Ansonsten könnte man heute nicht auf immer noch ziemlich hohem Niveau darüber klagen, dass es diesem Land schon einmal besser ging. Ohne diesen Sozialstaat hätte es wohl keine deutsche Einheit gegeben. Ohne die Einheit, die von den Sozialversicherungssystemen finanziert worden ist, wäre der Sozialstaat aber auch nicht so in Schwierigkeiten gekommen.

Der Sozialstaat erschöpft sich nicht in der Fürsorge für Benachteiligte, sondern zielt auf den Abbau der strukturellen Ursachen. Madame de Meuron, die 1980 gestorbene „letzte Patrizierin" von Bern, sagte einem Bauern, der sich in der Kirche auf ihren Stuhl verirrt hatte: „Im Himmel sind wir dann alle gleich, aber hier unten muss Ordnung herrschen." Ist das die Ordnung, die wir uns vorstellen? Die Ordnung, die sich der demokratische Sozialstaat vorstellt, ist das nicht. Der gute Sozialstaat ist keine Unternehmung, die nur auf die Krankheit, die Arbeitslosigkeit, den Schicksalsschlag wartet und dann helfend eingreift. Seine Leistungsstärke zeigt sich also nicht erst und nicht nur am Niveau der Versorgung, wenn dieser Fall eintritt und er dann die Kalamitäten möglichst gut ausgleicht. Sie zeigt sich auch an der Kreativität, mit der er es seinen Bürgern ermöglicht, selbstbestimmt zu leben. Der gute Sozialstaat investiert ins Soziale, zum Beispiel in die Bildung der Kinder der neuen Unterschichten; er verwandelt die Schwächen der Generation Migration in Stärken, er fördert die sprachlichen Kompetenzen und den interkulturellen Reichtum dieser Generation. Solche Sozialpolitik wächst über ihre industriegesellschaftliche Herkunft hinaus.

Es gibt Leute – die Sozialstaatskritiker gehören dazu – die meinen, die Demokratie sei nicht sehr viel mehr als eine Kiste. 90 cm hoch, 35 cm breit. Oben hat die Demokratie einen Deckel mit Schlitz. In der Tat: Alle paar Jahre, in Deutschland immer an einem Sonntag, kommen viele Leute zu diesen Kisten. Die Kiste heißt „Urne", also genauso wie das Gefäß auf dem Friedhof, in dem die Asche von Verstorbenen aufbewahrt wird. Wahlurne – das ist eigentlich ein merkwürdiger Name, denn die Demokratie wird ja an diesen Wahltagen nicht verbrannt und beerdigt; im Gegenteil: Sie wird geboren, immer wieder neu, alle paar Jahre. Wahltage, das sind die Geburtstage der Demokratie; der Wahlkampf vorher ist dann sozusagen die Zeit der Glückwünsche. Demokratie ist aber noch sehr viel mehr als eine Wahl. Sie findet an jedem Tag statt. Demokratie ist das erfolgreichste, beste und friedlichste Betriebssytem, das es für ein Land gibt. Es ist ein Betriebssystem, bei dem alle, die in einem Land wohnen, etwas zu sagen haben. Jeder hat eine Stimme, keiner ist mehr wert als der andere, alle sollen mitbestimmen, was zu geschehen hat. Demokratie ist eine Gemeinschaft, die ihre Zukunft miteinander gestaltet – nach Regeln, über die man miteinander bestimmt hat. Sie funktioniert nicht gut, wenn immer mehr Menschen nicht oder nicht mehr mitmachen, weil sie glauben, man habe keinen Einfluss, und die Politiker machten ja eh, was sie wollten. Sie funktioniert nicht gut, wenn sich immer mehr Menschen ausklinken, weil sie arbeitslos sind und das Gefühl haben, aus dem Nest gefallen zu sein.

Der Sozialstaat ist Heimat. Beschimpfen kann ihn nur der, der keine Heimat braucht. Und den Abriss wird nur der verlangen, der in seiner eigenen Villa wohnt. Ob er sich dort noch sehr lange wohl fühlen würde, ist aber fraglich. Das Grundgesetz hat wohlweislich in seinem Artikel 79 Absatz 3 dekretiert: „Eine Änderung dieses Grundgesetzes, durch welche ... die in den Artikeln 1 und 20 niedergelegten Grundsätze berührt werden, ist unzulässig." Zu den in Artikel 20 niedergelegten Grundsätzen gehört das Sozialstaatsprinzip. Es zählt zu den zentralen staatlichen Ordnungsprinzipien, über die Artikel 20 Absatz 4 sagt: „Gegen jeden, der es unternimmt, diese Ordnung zu beseitigen, haben alle Deutschen das Recht zum Widerstand, wenn andere Abhilfe nicht möglich ist." Wer also die soziale Verantwortung privatisieren und sie in die Wälder, zu Robin Hood und zum Räuber Kneißl, zurücktreiben will, der stößt auf diesen Widerstand des Grundgesetzes – und auf den der Kirche: „Noch einmal sei feierlich daran erinnert, dass Wirtschaft im Dienst des Menschen steht."

Vortrag von 2005, Erstveröffentlichung in ähnlicher Form in: Heribert Prantl – „Kein schöner Land", München 2005

Am 2. April 2005 starb
Johannes Paul II., der polnische
Papst. Am Ende seines Lebens
hatte er, siech und schwerst-
krank, seinen persönlichen
Kreuzweg zu erleiden. Er ging
ihn unter den Augen der Welt.
Er hat sein öffentliches Sterben
als Teil einer Mission, seiner
Mission, betrachtet.

Die Mission des Papstes

Man findet den Kreuzweg nicht nur in katholischen Kirchen, wo an den Seitenwänden die Bilder mit der Leidensgeschichte von Jesus Christus hängen. Es gibt den Kreuzweg überall im Alltag. Man findet seine Stationen in der allernächsten Umgebung: im Krankenhaus, im Pflegeheim, im Frauenhaus, in Entziehungsanstalten und Abschiebezentren. Es ist ein stilles, verborgenes Leid, das dort zu Hause ist, zur Kenntnis genommen nur von wenigen, oft von gar niemandem.

Manchmal sind Stationen eines Kreuzwegs aber auch in allen Wohnzimmern präsent – nämlich in den Fernsehbildern von der Flutkatastrophe, vom Krieg im Irak, vom Verhungern im Sudan. Und oft genug sind Nachrichten nichts anderes als die Kurzbeschreibung einer Kreuzweg-Station. Die Jahresberichte von Amnesty International fassen die Kreuzwege von Zehntausenden, von Hunderttausenden Folteropfern in aller Welt zusammen. Es kommt einem allerdings selten in den Sinn, hier von einem Kreuzweg zu reden – so wie es dann der Fall ist, wenn man das Leiden des Papstes vor Augen hat.

Kreuzwegstation Vatikan: Der Vatikan war im Jahr 2005 der Ort, an dem Johannes Paul II. unter den Augen der Weltöffentlichkeit sein Kreuz getragen hat. Am Karfreitag dieses Jahres hatte er bei der traditionellen Kreuzwegandacht im Colosseum nicht dabei sein können, bei der Andacht also, bei der „Station" vor den Bildern der Leidensgeschichte Jesu gemacht und jede einzelne Szene im Gebet betrachtet wird. Der Pontifex hatte seine Station im Krankenbett, er hatte seinen persönlichen Kreuzweg zu erleiden. Und es stellte sich für ihn wohl gar nicht die Frage, ob sein Leiden öffentlich gezeigt werden soll: Öffentlichkeit gehörte zu seinem Grundverständnis von diesem Amt. In den Worten der Kirche, der Johannes Paul vorstand, heißt Öffentlichkeit „Zeugnis ablegen" – Zeugnis von der „Nachfolge Christi", die darin besteht, die Forderungen des Evangeliums zu erfüllen und dies auch zu bekunden.

Der Kreuzweg von Johannes Paul II.

Im Matthäus-Evangelium fordert Jesus von seinen Jüngern, sich selbst zu verleugnen und das Kreuz auf sich zu nehmen. Und in den biblischen Berichten über die Gefangennahme von Jesus auf dem Kalvarienberg lässt der Evangelist ihn zu Simon Petrus, der sich mit dem Schwert auf die Häscher stürzen will, den Satz sagen: „Soll ich denn den Kelch nicht austrinken, den mir der Vater gegeben hat?" Johannes Paul, nach katholischer Lehre der Stellvertreter Christi auf Erden, hat sich an diesen Worten orientiert, er hat den Kelch ausgetrunken. Er hat sein öffentliches Sterben als Teil einer Mission, seiner Mission, betrachtet.

Wenn er damit, wie vielfach geschrieben wurde, viele namenlose Kranke trösten und ihnen Mut machen konnte – dann wäre dies schon ein Erfolg der Mission gewesen. Johannes Paul zeigte, er demonstrierte öffentlich, dass Leiden zum Leben gehört. Das ist nicht spezifisch katholisch, das ist nicht spezifisch christlich – das ist menschlich. Diese radikale Menschlichkeit bewegte Millionen Menschen in aller Welt; vielleicht trägt sie mit bei zu einem neuen Blick auf das Leiden und das Sterben, vielleicht hat der Papst damit der modernen Gesellschaft geholfen, die „ars moriendi", die Kunst des Sterbens, wieder zu lernen – also die Verbannung des Sterbens in die Hinterzimmer der Kliniken zu beenden, die Vertreibung des Todes in die Abseiten des Gesundheitsapparats einzustellen. Dann wäre, unabhängig davon, welche sonstigen Absichten vatikanische Medienpolitik mit der Präsentation des todkranken Papstes verfolgt hat, das furchtbare Sterben ein fruchtbares Sterben gewesen. Einer neuen Spiritualität, also einer Ergriffenheit vom Geist Gottes, wie das Vatikanologen behaupten, können Fernsehbilder wohl nicht den Weg ebnen; neuer Sensibilität schon. Nicht die Bilder vom Sterben sind schamlos, schämen muss man sich über die Art, wie in einer Wellness-Welt das Sterben oft als deren peinliche Störung betrachtet wird. Menschen, die das Glück hatten, das Sterben eines Angehörigen begleiten zu können, haben erfahren, dass der Sterbende Medium der transzendenten Wirklichkeit sein kann. Solche säkularisierte Spiritualität kann die Gesellschaft sehr wohl brauchen.

Es wäre falsch, den Papst wegen seiner beschwerlichen letzten Lebensjahre und wegen der öffentlichen Demonstration dieser Beschwerlichkeit als den Vertreter einer Theologie zu betrachten, die sich im Leiden erschöpft und die das Heil allein darin sucht, Leiden anzunehmen und auszuhalten. Johannes Paul war kein Papst, der wie die schwärmerisch-frommen Kreuzbrüder, die Flagellanten des Mittelalters, den Schmerz gesucht und sich selbst zugefügt hat. Er ist, nicht einmal im Leiden, zu einem Weltflucht-Papst geworden. Er war in der längsten Zeit seines langen Pontifikats, auch nach dem Attentat auf ihn, ein Papst, der Lebensfreude verkörperte: Die Bilder vom Ski fahrenden Papst sind nun schon alt, aber sie gehören zu diesem Wojtyla-Papst wie die Bilder vom siechen Greis.

Dieser Papst war kein Hiob, der sich im Dulden erschöpfte. Er hat lust- und machtvoll gestaltet, er hat, höchst erfolgreich, eingegriffen in den Gang der Weltgeschichte, er hat dazu beigetragen, kommunistische Regime zu stürzen. Osteuropa wäre ohne ihn heute ein anderes Osteuropa. Er war ein dem kraftvollen Leben zugewandter Mensch. Wenn den letzten Abschnitt seines Wirkens das Leiden kennzeichnet, so wäre doch die Fixierung seines Pontifikats darauf irreführend. Er hat nicht jedes Kreuz akzeptiert und schon gar nicht alles, was in dessen Namen gemacht worden ist. Mehrmals hat er sich zu den Verbrechen bekannt, die im Namen des Kreuzes begangen wurden: Die schlimmste Verkehrung geschah dem Instrument und Symbol des Todes von Jesus Christus, als es jenen Prozessionen vorangetragen wurde, die angebliche Ketzer und Hexen zum Scheiterhaufen brachten, und als in seinem Zeichen gemordet wurde. Als vor vierhundert Jahren das Kreuz dem verbrennenden Dominikanermönch Giordano Bruno hingehalten wurde, wandte der sein Gesicht zur Seite.

Die Sendung des Stellvertreters

Dieser Papst Johannes Paul hat um Verzeihung für die Verbrechen gebeten, die im Namen des Kreuzes begangen wurden. Auch das gehörte für ihn zu seinem Kreuzweg. Gläubige Katholiken mögen die letzten Jahre des Wojtyla-Papstes als eine Zeit betrachten, in der dieser im Leid tatsächlich christusähnlich geworden ist. Der Papst hat solche Gedanken durchaus befördert, wenn er angebliche Rücktrittsüberlegungen so dementieren ließ: Christus sei ja auch nicht vom Kreuz heruntergestiegen...

In einem solchen Satz zeigt sich eine atemberaubende Auslegung des atemberaubenden Anspruchs, Stellvertreter Gottes auf Erden zu sein. Ein Mann der Schmerzen verweist nicht nur auf den Schmerzensmann, sondern identifiziert sich mit ihm. Damit sind wir in den Tiefen von Religion. Zur politischen Wirklichkeit gehört, dass Papst Johannes Paul, Oberhaupt der katholischen Kirche, mit diesem Sendungsbewusstsein Weltpolitik gemacht hat.

Erschienen am 02.04.2005

*Der erste Besuch von
Papst Benedikt XVI. in
seiner bayerischen Heimat:
Die Theologen und Laien,
die den Papst noch als
Joseph Ratzinger gekannt
hatten, waren überrascht
von der offenen Herzlichkeit,
mit der dieser vergeistigte
Mann, der einst der strenge
Inquisitor der Kirche war,
nun auf sie zuging.*

Gaudium et spes

Papst Benedikt und das bayerische Welttheater

Eines der schönsten bayerischen Theaterstücke handelt davon, wie der Brandner Kaspar ins Paradies schaut. An diesen Tagen, an denen Papst Benedikt XVI. seine bayerische Heimat besuchte, erging es den Deutschen in Hamburg oder Berlin (und auch so manchem Bayern) so wie dem Brandner Kaspar. Sie schauten in den Fernseher – und sahen so etwas wie das Paradies auf Erden: einen Himmel, wie er blauer, ein Land, wie es schmucker kaum sein kann; sie sahen großes bayerisches Welttheater, sie sahen Pracht, Glorie und Frömmigkeit, sie sahen, wie es ist, wenn Fronleichnam, Kirchweih, Weihnachten, Ostern und Allerheiligen zusammenfallen.

Sie sahen einen Papst, der nicht nur Papst war, sondern auch Bub aus Marktl am Inn, Seminarist aus Traunstein, Dogmatik-Professor, Erzbischof von München und Freising, Kurienkardinal; sie sahen, wie der Mensch, den man jetzt mit „Heiligkeit" anredet, leutselig von der Himmelsleiter herunterstieg in seine Heimat. Für einige hunderttausend Menschen, die mit heiligem Stolz ihren Papst feierten, waren diese Tage tatsächlich wie ein Wunder, an dem sie teilhaben durften: Der „Stellvertreter Christi auf Erden" sprach im vertrauten pastoralen Singsang der Heimat; er vereinte in seinen Predigten die naive Frömmigkeit des Dorfpfarrers mit der theologischen Raffinesse des Kirchenlehrers. Die Weltkirche, so schien es den stolzen Zuhörern, hat ihr Herz nun in Bayern; wenn so Globalisierung ausschaut, wird selbst dem Globalisierungskritiker warm ums Herz.

Die Theologen und Laien, die den Papst noch als Joseph Ratzinger gekannt hatten, waren überrascht von der offenen Herzlichkeit, mit der dieser vergeistigte Mann, der einst der strenge Inquisitor der Kirche war, nun auf sie zuging. Sie erlebten einen äußerlich (aber nicht innerlich) Verwandelten, einen, dem widerfuhr, was er auf seinem Weg an die Spitze der Weltkirche wohl so noch nie gespürt hatte: dass die Menschen ihn mögen. Das war sicherlich wunderbar für ihn, das war beglückend für die katholische Kirche, das war schön für die Politiker, die das Bayernland regieren, weil die Historizität eines Papstbesuches auf sie abstrahlt.

Die herrliche Kathedrale der Wissenschaft

Aber dieser prächtige Besuch blieb, mehr noch als der Weltjugendtag, ein religiöses In-sich-Geschäft. Er strahlte nicht über die Massenversammlungen hinaus, er hatte nicht die werbende Verve einer Volksmission, keine charismatisch-pastorale Kraft. Benedikts Theologie füllt, wie bei der großen Vorlesung in Regensburg, die herrliche Kathedrale der Wissenschaft, aber sie verlässt sie nicht, sie sprengt die Türen nicht auf. In Regensburg, der alten Donaustadt, von der einst Kreuzzüge ausgingen, war sein Appell zum Dialog der Religionen und zur Verständigung mit den Muslimen anspruchsvoll zurückhaltend und in der Aussage changierend.

Das Verbindende der drei großen abrahamitischen Religionen stand nicht im Vordergrund. Man konnte die Passagen über das Verhältnis von Religion und Gewalt als Kritik am Islam verstehen. Wenn es um Gewalt geht, ist das Oberhaupt der katholischen Kirche ein geläuterter Sachverständiger: Die Kirche hat hier in ihrer Geschichte fast alle Fehler gemacht, die man nur machen kann, und daraus einiges gelernt. Benedikts Vorgänger hat sich in einem Schuldbekenntnis für die Verbrechen entschuldigt, die Söhne und Töchter seiner Kirche im Namen Gottes begangen haben. Heute ist der Vatikan eine Weltmacht der Menschenrechte. Islamische Geistliche dagegen rufen noch heute zum Mord auf. Das ist grausiges Faktum, aber kein Anlass zu katholischer Überhebung.

Als der große Gelehrte Jacob Burckhardt aus Basel vor 160 Jahren den Papst in Rom erlebt hatte, schrieb er seine Eindrücke in einem Gedicht nieder, das wie folgt endet: „Aufrecht steht der alte Herr, breitet aus die morschen Arme – Ach, du fängst die Welt nicht mehr." Der Papst damals war der greise Gregor XVI. Heute macht Benedikt XVI. durchaus keinen greisen Eindruck. Ob er aber die Welt noch fängt? Hinter seinen Reden steckt nicht „geistige Unbeweglichkeit", wie sie ihm Eugen Drewermann vorwirft, aber eine rigide Beschränkung auf religiöse Selbstvergewisserung: Auf dass kein Gläubiger in die Irre gehe.

Gaudium et spes

„Gaudium et spes" heißt das berühmte Dokument aus dem Zweiten Vatikanischen Konzil. Das „Gaudium" geht zu Ende – nicht verstanden als frommer Klamauk, sondern als selige Freude an diesen bayerischen Tagen. „Spes", die Hoffnung, bleibt: Hoffnung darauf, dass Benedikt mehr sein möge als ein Verteidiger des Glaubens und Hüter der reinen Lehre. Darauf, dass er die Ökumene voranbringt, und dass er, wenn es um Reformen geht, nicht ein päpstlicher Professor ist, sondern oberster Hirte. Es bleibt die Hoffnung vieler Katholiken darauf, dass er die Ehelosigkeit der Priester nicht zum quasi göttlichen Gebot macht, und dass er den Ausschluss der Frau vom Priesteramt nicht noch weiter dogmatisiert. Der Papst hat kritische Fragen hierzu mit dem Hinweis auf große Frauengestalten der Kirchengeschichte gekontert. Ob sich mit solcher List die lebendige Zukunft seiner Kirche sichern lässt?

Erschienen am 14.09.2006

Es gibt eine Kirche, deren Selbstmitleid größer ist als das Mitleid mit den Opfern des sexuellen Missbrauchs durch Priester.

Im Anfang
war das Wort

Die katholische Kirche ist nicht Täterin des Missbrauchs, aber ihr langes Schweigen hat die Täter geschützt

Der heilige Christophorus ist, wie allgemein bekannt, der Schutzpatron der Autofahrer. Aber nicht nur die Autofahrer haben einen Schutzpatron, sondern auch die Journalisten – die meisten Journalisten wissen das gar nicht. Viele wollen wohl auch gar keinen katholischen Schutzpatron haben und empfinden ihn als aufgedrängte Bereicherung. Diese Bereicherung heißt Franz von Sales: Papst Pius XI. hat ihn im Jahr 1923 zum Journalistenpatron gekürt.

Der heilige Franz von Sales lebte im 16. Jahrhundert und war Bischof von Genf. 1564, am Beginn seiner priesterlichen Tätigkeit, erhielt er den Auftrag, die Menschen im Chablais, also südlich vom Genfer See, wieder für den katholischen Glauben zu gewinnen; sie waren zum Calvinismus übergetreten. Als die politischen Machthaber von dieser Mission des Franz von Sales erfuhren, verboten sie der Bevölkerung, dessen Predigten zu besuchen. Der junge Geistliche musste andere Wege finden, seine Botschaft unters Volk zu bringen. Er druckte seine Predigten auf Flugblätter, heftete sie an Bäume, Tore und Haustüren. Nach drei Jahren konnte er seinem Bischof die Rückkehr der Bevölkerung zum katholischen Glauben berichten.

Der Erfolg beruhte nicht allein auf dem damals gerade modern gewordenen Medium Flugblatt, sondern vor allem darauf, dass der

Mann die richtigen Worte fand: Erstens übernahm er nicht den damals bei Glaubensauseinandersetzungen allgemein üblichen polemischen Stil; zweitens war seine Recherche über den Calvinismus, mit dem er sich auseinandersetzte, sehr präzise; drittens verfasste er seine Flugblatttexte in der Landessprache, was in der vom Latein beherrschten katholischen Kirche sensationell war.

Franz von Sales konnte also das, was die katholische Kirche heute nicht mehr kann: Er war glaubwürdig; er kannte die richtigen Worte; er hatte die Sprache, um Gehör und Glauben zu finden. Diese Gabe ist der katholischen Kirche nicht mehr gegeben. Eine Gemeinschaft, die vom Wort lebt wie keine andere, ist sprach- und sprechunfähig geworden, nicht nur, aber vor allem, wenn es um ihr Verhältnis zur Sexualität geht. Die Diskussion über den Zölibat samt der Sexualität der Priester ist ein Tabu, die Diskussion über die katholische Sexuallehre ist ein Tabu, das Reden über Verhütung ist tabu. Wenn es so viele Tabus gibt, gibt es keine Wahrhaftigkeit mehr. Ausgerechnet die Kirche als Fachinstitution für das Benennen und Eingestehen von Verfehlungen, für Schuldbekenntnis, Buße, Reue und Vergebung musste von Opfern und Medien gezwungen werden, Stellung zu beziehen.

Die Kraft zur Wandlung

Ritus und Liturgie der Kirche bauen auf den Glauben daran, dass Worte eine Kraft haben, die sogar Materie verwandeln kann. Das Wort hat die Kraft zur Wandlung. „Im Anfang war das Wort" – so beginnt denn auch das Johannesevangelium. Und das bedeutet vor allem: Kirche ist Kommunikation. Ohne Kommunikation gibt es keine Mission, keine Klarheit, keine Wahrheit.

Die Kirche war nicht die Täterin des sexuellen Missbrauchs. Aber sie war und ist die Heimat der Täter. Sie hat ihnen die heiligen Räume zur Verfügung gestellt, in denen sie so geschützt agieren konnten und in denen die Opfer so ungeschützt waren. Es sind so viele Amtsträger, die als unwürdig entlarvt worden sind, und bei fast allen hat die Amtskirche so lange weggeschaut. So sind auch zahllose untadelige, hochengagierte Seelsorger und Jugenderzieher unter Generalverdacht geraten.

Die Kirche hat eine Garantenstellung dafür, dass ihre Amtsträger die heiligen Räume, die Würde des Amtes und das damit verbundene Vertrauen nicht missbrauchen. Sie muss Vorsorge treffen, dass das nicht geschieht; und sie muss Nachsorge treffen, wenn es geschehen ist. Sie hat das so lange nicht getan. Sie hat pädophile Priester einfach woandershin versetzt, sie hat die Fälle von sexueller Gewalt an Schutzbefohlenen der Kirche viele Jahre systematisch verschleiert. Und erst in jüngster Zeit hat sie begonnen, die Schleier wegzureißen – gedrängt von den Opfern und den Medien.

Die Domspatzen und die Pressefreiheit

In der Kirche wird nun Klage geführt darüber, dass dieses Drängen nicht immer in geziemlicher Form geschehe, es wird Klage geführt über den Zorn, die Wut und den Hass, der angeblich in diesem Drängen steckt. Ja, es gibt diesen Zorn, diese Wut, und es gibt vielleicht auch Hass – es wäre ein Wunder, wenn es nicht so wäre. Hässliches erzeugt Hass. Eine Kirche, die sich ja als Fachinstitution für den Umgang mit Verfehlungen begreift, darf sich darüber eigentlich zu allerletzt wundern. Bemerkenswert ist, wie wenig reißerisch, wie sachlich und sorgfältig die Berichte über sexuelle Gewalt und Misshandlung trotz alledem und ganz überwiegend waren und sind.

Der Regensburger Bischof Gerhard Ludwig Müller sieht seine Kirche von den Medien viel zu hart angepackt, er sieht bösartige Kräfte am Werk; er sieht die Kirche einer Verfolgung ausgesetzt wie unter dem Nationalsozialismus. In der Wortwahl steht er alleine. Aber in vielen Predigten wird die Kirche als verfolgte Unschuld präsentiert, bedrängt von einer feindlichen Kampagne, gejagt von antiklerikalen Journalisten, die angeblich aus Lust an der Zerstörung der letzten moralischen Anstalt handeln. Bischof

Müller hat den Journalisten, die über die Regensburger Domspatzen recherchierten, öffentlich „kriminelle Energie" bescheinigt. Er sprach von „missbrauchter Pressefreiheit" und von einer „Diffamierungs-Lizenz". Es wird bei dieser Medienschelte, bei dieser Verfluchung so getan, als sei die sexuelle Gewalt nicht in der Kirche entstanden, sondern ihr von außen angetan worden. Man möchte den heiligen Franz von Sales zu Hilfe rufen: nicht für die Journalisten – sondern für einen uneinsichtigen Episkopus.

Sicher gibt es journalistische Fehlleistungen: Wenn Schüler vom Domspatzen-Gymnasium am Schulhof abgefangen werden, wenn ihnen regelrecht aufgelauert wird, dann ist das eher Stalking als fairer Journalismus. Solche Verirrungen gibt es, leider, bei anderen Skandalen auch. Aber bei den angeblichen Verfehlungen, die der Bischof geißelt, handelt es sich nicht um Verfehlungen, sondern um Journalismus. Eine „ständige Wiederholung von Vorgängen aus alter Zeit" hat der Bischof beklagt. Er verkennt, wie Journalismus und Aufklärung funktionieren.

Franz von Sales hätte es gewusst. Es ist gewiss richtig, dass die einschlägigen Fakten aus den diversen Diözesen und Klöstern immer wieder wiederholt worden sind, weil die neuentdeckten „Missbrauchsfälle" in die alten eingereiht wurden. Das ist aber kein Tort, der der Kirche angetan wird. Es wird auf diese Weise nur der Fortsetzungszusammenhang hergestellt. Das ist bei Skandalen in der Kirche nicht anders als bei denen in der Politik, bei Siemens, BP, VW oder den Banken.

Ein Sonderstatus für die Kirche?

Die Amtskirche hat geglaubt und glaubt zum Teil immer noch, ihr gebühre ein Sonderstatus, sie sei unantastbar, weil sie so alt, erhaben und wertvoll sei. Indes: Wer, wie es die Kirche tut und immer getan hat, sich die Rolle der Hüterin der öffentlichen Moral zuschreibt, der muss sich schon genau anschauen lassen, wenn es um die Unmoral in den eigenen Reihen geht. Viel zu lange hat sich die Amtskirche für sakrosankt erklärt und vertuscht, was nicht zum Bild passte.

Das unselige Ultimatum von Erzbischof Robert Zollitsch, dem Vorsitzenden der Deutschen Bischofskonferenz, an Bundesjustizministerin Sabine Leutheusser-Schnarrenberger war ein letzter Ausläufer dieser Haltung: Sie sollte sich binnen 24 Stunden für den Vorwurf entschuldigen, die Kirche würde mit den Strafverfolgungsbehörden nicht konstruktiv zusammenarbeiten. Dieses katholische Ultimatum hatte bei aller Empörung etwas Hilfloses. Die Zeiten, in denen die Kirche mit Fluch und Bann beeindrucken konnte, sind eigentlich lange vorbei.

Nach Jahren des Schweigens und des Verdrängens hat sich die Kirche dann schließlich doch zur Aufklärung und Verfolgung von sexueller Gewalt durchgerungen. Sie hat zuletzt Stärke gezeigt beim administrativen Reagieren auf den Missbrauch von Kindern und Jugendlichen. Aber über den katholischen Geschmack des Missbrauchsskandals, wie das der Jesuit Klaus Mertes formuliert hat, kann sie nicht reden. Das Problem der Kirche sind nicht die Medien, sondern die sexuelle Gewalt und ihr Umgang damit.

Nichts verschweigen, nichts vertuschen

Andere Bischöfe haben ganz anders reagiert als Bischof Müller in Regensburg. Erzbischof Reinhard Marx in München-Freising hat die Devise ausgegeben: „Nichts verschweigen, nichts vertuschen, der Wahrheit ins Auge sehen". Marx hat das auch praktiziert. Aber das zentrale Problem bleibt: Es ist die „Unfähigkeit, die eigenen pathogenen Strukturen und die Folgen der klerikalen Vertuschungen zu erkennen, zu erörtern und daraus praktische Konsequenzen zu ziehen", wie es der Familien- und Religionssoziologe Franz-Xaver Kaufmann auf den Punkt gebracht hat. Pädophilie ist das Risiko einer zwangszölibatären und monosexuellen Kirche, der in 2000 Jahren zwar die Vertreibung der Frauen aus allen Machtpositionen, aber nicht die Entsexualisierung des Menschen gelingen konnte.

„Die" katholische Kirche als ein monolithisches Kartell des Schweigens gibt es nicht mehr. Es gibt auf der einen Seite einen Pater Klaus Mertes, den Rektor des Canisius-Kollegs in Berlin, der mit seinem Mut zur Aufdeckung den Schritt hin zu einer kirchlichen Verantwortungskultur getan hat. Es gibt den wackeren Alois Glück vom Zentralkomitee der deutschen Katholiken, der den Pflichtzölibat in Frage stellt. Es gibt den Erzbischof Marx, der das höchst widerstrebende Kloster Ettal zum öffentlichen Bekenntnis gezwungen hat. Es gibt einen Papst Benedikt XVI., der vor kurzem bekannt hat, dass „die größte Verfolgung" der Kirche nicht „von den äußeren Feinden" kommt, sondern aus dem Inneren, „aus der Sünde in der Kirche".

Und es gibt die ganz andere Seite der Kirche, auch in der Person des genannten Papstes, der zuletzt die deutschen Bischöfe Zollitsch und Marx dafür gerügt hat, dass sie mit dem lügnerischen Amtsbruder Mixa nicht gnädig genug umgegangen seien. Es gibt den Papst, der beharrlich schweigt, wenn alle Welt eine Erklärung erwartet, der keinen Sinn hat für den Kairos, für das große Mea Culpa, vor dem sein Vorgänger nicht zögerte. Es gibt die Mönche von Ettal, die sich so verfolgt wähnen wie der Regensburger Bischof Müller, es gibt eine Kirchenpresse, die schnell beleidigt ist. Es gibt einen Vatikan, dessen Verhalten in Skandal und Krise an die Echternacher Springprozession erinnert. Es gibt eine Kirche, deren Selbstmitleid größer ist als das Mitleid mit den Opfern.

Restitutio in integrum

Mit der Forderung nach Öffnung und Demokratisierung hat Papst Johannes Paul II. einst den Ostblock gesprengt. Diese Forderung liegt jetzt auf den Stufen des Petersdoms. Damals, im Ostblock, hieß das „Neue" Glasnost und Perestroika. Heute, in der katholischen Kirche, heißt es unter anderem Aufhebung des Pflichtzölibats und Frauen-Ordination. Kirche kann ihr gesellschaftliches Gewicht nicht mit Geld, Geschichte und Steuermitteln erhalten oder erzeugen. Es entsteht durch Glaubwürdigkeit, und es verfällt mit Unglaubwürdigkeit. Die Kirche braucht das, was die Mediziner „Restitutio in integrum" nennen, die vollständige Ausheilung. Glaubwürdig wird die Kirche nur dann, wenn sie den Ursachen für sexuelle Gewalt und deren jahrzehntelange Vertuschung auf den Grund geht. Sie muss dazu die verstörten und empörten Fragen der Menschen hören.

Der heilige Franz von Sales ist nicht nur Patron der Journalisten. Er ist auch Patron der Gehörlosen. Als solchen möchte man ihn bitten, sich der katholischen Kirche anzunehmen.

Mit der Verleihung der „Verschlossenen Auster" prangert die Journalistenvereinigung Netzwerk Recherche jedes Jahr schlechte Kommunikation und Missachtung der Öffentlichkeit an. 2010 hat sie den Negativpreis der katholischen Kirche zugesprochen. Der am 12.07.2010 in der SZ abgedruckte Text ist eine gekürzte Fassung der Laudatio bei der Vergabe der „Verschlossenen Auster" in Hamburg.

Der Missbrauchs-Skandal funktioniert womöglich wie eine Zeitmaschine: Er schüttelt und rüttelt die Kirche so, dass am Ende eine Erkenntnis steht, die es ohne diese Katastrophe nicht gegeben hätte: Wenn es theologisch nicht notwendig ist, ein Zölibats-Gesetz zu machen, dann ist es notwendig, kein Zölibats-Gesetz zu machen.

Das Ende des elften Gebots

Der Missbrauchs-Skandal als Zeitmaschine: Befreit er die katholische Kirche vom Zölibat?

Als vor bald tausend Jahren den Priestern die Ehelosigkeit verordnet wurde, wagten es in Deutschland nur drei Bischöfe, diese römischen Dekrete zu verkünden. Der Bischof von Passau wurde von seinem Klerus ums Haar gelyncht, als er das tat. Das hat sich im Lauf der Zeit sehr geändert. In den nachfolgenden Jahrhunderten wurden diejenigen fast gelyncht, die den Zölibat aufheben wollten. Der Vatikan tat so, als sei die Pflicht zur Ehelosigkeit der Priester das elfte Gebot. Es wurde so getan, als sei der Zölibat heilige Pflicht. Nur Abtrünnige stellten das in Frage, Leute wie Martin Luther.

Das ist vorbei. Heute sind es die Treuesten der Treuen, die den Zwang zur Ehelosigkeit in Frage stellen. Erzbischof Robert Zollitsch, der Vorsitzende der Deutschen Bischofskonferenz, hat das getan, als er sagte, die Verbindung von Priestertum und Ehelosigkeit sei theologisch nicht notwendig. Alois Glück, der Präsident des Zentralkomitees der deutschen Katholiken, hat sich dafür ausgesprochen, den Pflichtzölibat für die Priester aufzuheben. Und auch Odilo Lechner, der frühere Abt der Benediktinerklöster St. Bonifaz und Andechs, hat dafür geworben; die Abschaffung des Zölibats sei etwas, so sagte er, „was der Kirche nottut und was die Gemeinden brauchen".

Das ist ein Satz, den die meisten Katholiken unterschreiben. Der verheiratete Priester gilt ihnen nicht mehr als lutherische Verirrung, sondern als kluge Option. Ginge es nach dem Kirchenvolk – es würde den Artikel 23 der Confessio Augustana von 1530 auch in das katholische Kirchenrecht schreiben: „Der Priester darf heiraten, weil Gottes Schöpfungsordnung die Ehe vorsieht." Aber in der katholischen Kirche geht es nicht nach dem Kirchenvolk, sondern nach den Päpsten, und die haben sich bisher nicht beirren lassen: nicht davon, dass Jesus die Ehelosigkeit von seinen Jüngern nicht gefordert hat; nicht davon, dass Petrus, der „erste Papst" verheiratet war; und auch nicht davon, dass am Beginn der priesterlichen Ehelosigkeit vor tausend Jahren höchst irdische Beweggründe standen: Die Pfründe der Kirche sollten nicht durch Vererbung an Kinder beeinträchtigt werden. Von solchen Begründungen hat sich der Zölibat zwar gelöst – aber gelockert hat er sich nicht.

Anlass zur Umkehr

Die Missbrauchs-Skandale sind ein GAU für die Kirche, eine globale Katastrophe. Diese Katastrophe funktioniert aber womöglich wie eine Zeitmaschine: Sie schüttelt und rüttelt die Kirche so, dass am Ende eine Erkenntnis steht, die es ohne Katastrophe nicht gegeben hätte. Wenn es theologisch nicht notwendig ist, ein Zölibats-Gesetz zu machen, dann ist es notwendig, kein Zölibats-Gesetz zu machen. Die Lockerung des Pflichtzölibats wird zwar das Missbrauchs-Problem nicht lösen, aber es kann ein Beitrag sein zu seiner Linderung. In vielen Heiligengeschichten war eine Katastrophe der Anlass zur Umkehr. Warum soll es in der Geschichte der katholischen Kirche nicht auch so sein?

Erschienen am 20.03.2010

Kirche ist das, was es ohne sie nicht gäbe. Es gäbe keine Räume der großen Stille und des Innehaltens. Es gäbe keinen Raum, in dem Wörter wie Barmherzigkeit, Seligkeit und Gnade ihren Platz haben. Kirche ist fürwahr nicht der Himmel, und die wenigsten ihrer Funktionäre sind Heilige. Kirche kann aber ein Ort sein, an dem der Himmel offen gehalten wird.

Die heiligen Haltestellen der Großstadt

Was ist Kirche, braucht man sie, und wenn ja, wozu?

Manchmal muss die Kirche wieder ausgegraben werden. Manchmal reicht es nicht, mit dem Putzeimer und dem Besen zu hantieren. Manchmal müssen Schuttberge weggekarrt werden, viele hundert Wagenladungen voller Schutt. Bei dieser Schaufelei, bei dieser Drecksarbeit entsteht dann, vielleicht, neue Gemeinschaft, bildet sich eine neue Gemeinde, ersteht, vielleicht, die Kirche neu. Eine besonders große Ausgrabungsaktion, die vor bald fünfhundert Jahren stattgefunden hat, nennen wir die „Reformation".

Es gibt auch kleinere Reformationen. Es gibt Aufräumarbeiten, die handfest weltlich sind und doch geistige Bedeutung haben. In der gotischen Kirchenruine Santa Maria dello Spasimo auf Sizilien zum Beispiel ist etwas Unerhörtes passiert: Dort hat sich, vor fünfzehn Jahren, Palermo selbst ausgegraben. Bürger haben die Kirchenruine wieder begehbar und benutzbar gemacht. Aus einem Rattenloch wurde ein Zentrum der Kultur und der Begegnung – und ein Symbolort: Er steht für den Widerstand gegen die alten mafiösen Verhältnisse, für den Aufstand der Bürger gegen die Verwahrlosung des öffentlichen Raums und für die Wiedergeburt einer Stadt als Gemeinwesen.

Die renovierte Ruine in Palermo wurde zwar nicht wieder ein Gotteshaus, aber das war es ohnehin nur wenige Jahrzehnte in seiner fünfhundertjährigen Geschichte. Trotzdem ist der wieder ausgegrabene Ort ein religiöser Ort. Man lehnt dort an den gotischen Strebepfeilern und schaut in den Himmel. Der Bau hat nämlich kein Dach, er hat schon seit Jahrhunderten keines mehr und er hat auch bei der Renovierung keines bekommen. Er ist wie eine radikale Vollendung der Gotik, eine Demonstration dessen, was Kirche sein soll: ein Ort, an dem der Himmel offen ist. Andererseits fühlt man sich, zumal in Ländern, in denen es viel regnet, ohne Dach nicht sehr zu Hause. Die Kirche muss also ein schützendes Dach haben, wenn sie nicht nur Schönwetter-Kirche sein will – und trotzdem soll sie ein Ort sein, der den Himmel offen hält.

Die Räume der großen Stille

Wie geht das? Und was ist Kirche? Kirche ist das, was es ohne sie nicht gäbe. Es gäbe keine Räume der großen Stille, der Meditation, des Innehaltens. Es gäbe keinen Raum, in dem Wörter wie Barmherzigkeit, Seligkeit, Nächstenliebe und Gnade ihren Platz haben, es gäbe keinen Raum, in dem noch von Cherubim und Serafim die Rede ist. Die Poesie der Psalmen hätte keine Heimat mehr. Es gäbe keinen Raum, in dem eine Verbindung da ist zu uralten Texten und Liedern – zu Liedern, die die Menschen schon vor Jahrhunderten gesungen, und zu Gebeten, die die Gläubigen schon vor Jahrtausenden gebetet haben. So aber ist Kirche ein Ort, der Zeit und Ewigkeit verbindet.

Es ist gut, dass es einen Ort gibt, an dem gesagt wird, wer gestorben ist aus der Gemeinde, und wie alt er war, auch wenn man den Verstorbenen nicht gekannt hat. Es ist gut, dass es einen Ort gibt, an dem das Kreuz sein Zuhause hat. Ja, das Kreuz ist missbraucht worden, als Drohzeichen, als Mord- und Eroberungsinstrument. Trotz alledem: Es ist das gute Zeichen des Christentums. Ein Gott, der gelitten hat, der umgebracht wurde, der also weiß, was Leiden ist, bei dem ist das Leid der Menschen aufgehoben. Ohne

Kirche gäbe es keinen öffentlichen Raum, in dem ein Mensch weinen kann, bei irgendeinem Lied, bei einer Fürbitte, die ihn anrührt. Kirche ist das, was es ohne sie nicht gäbe. Es gäbe keine Kirchenglocken, keine Christmette, es gäbe keine Kirchenchöre, in denen der Handwerksmeister, die Lehrerin, der Versicherungsmakler und die Krankengymnastin nebeneinander stehen und Bachchoräle singen. Es gäbe den Blick nicht über die Dörfer mit den Kirchturmspitzen, es gäbe nicht die heiligen Haltestellen in den Großstädten der Alten und der Neuen Welt, die Kathedralen und Dome, die mehr sind als ein Erbe. Es gäbe nicht die Orte der Kraft, die Maria Laach, Ebrach, Maulbronn, Corvey, Melk, Klosterneuburg, Zwettl oder Heiligenkreuz heißen. Die Klöster sind Orte, die heute noch weiter aus der Welt gefallen sind als je in ihrer Geschichte; die Klöster waren Hochburgen des Glaubens, der Weltflucht, der Askese, aber auch Keimzelle von Bildung, Wissenschaft und Kunst. Das alles sind sie nicht mehr, nicht mehr so jedenfalls, wie sie es einmal waren. Aber der Himmel kann dort immer noch offen sein – solange aus den Klöstern nicht Vier-Sterne-Hotels mit Wellnessoase werden.

Der heilige Rest

Früher sind auf dem Land die Menschen aufgefallen, die am Sonntag nicht regelmäßig in die Kirche gegangen sind. Heute fallen die auf, die regelmäßig in die Kirche gehen. Kirche ist nicht mehr unbedingt Volkskirche. Als die Sätze über die freundliche Trennung von Staat und Kirche, welche in der Praxis eher einem gordischen Miteinander gleicht, 1919 in die deutsche Verfassung geschrieben worden sind, war es die Kirche in Deutschland noch. Sie war es auch noch, als das Grundgesetz 1949 auf die Kirchenartikel der Weimarer Verfassung einfach Bezug nahm und sie so übernahm. Die Konkordate, die Konkordatslehrstühle an den Universitäten, die Staatsalimentation der Bischöfe, der staatliche Einzug der Kirchensteuer, die Militärseelsorgeämter – all das fußt auf diesen Artikeln.

Seit 1919 und erst recht seit 1949 hat sich freilich die Kirche sehr verändert, ihre gesellschaftliche Bedeutung hat abgenommen; es gab und gibt so etwas wie den Rückzug der Gläubigen in die Sakristei, dort sammelt sich der heilige Rest. Der Limburger Altbischof Franz Kamphaus hat einmal gesagt: Die Kirche gleiche einem alten, abgemagerten Mann in viel zu großen Kleidern. Einmal hätten sie ihm wohl gepasst, aber jetzt hingen sie an ihm herunter und hinderten ihn am Gehen.

Das geltende deutsche Staatskirchenrecht gehört zu diesen Kleidern. Sie wurden der Kirche des frühen 20. Jahrhunderts auf den fülligen Leib geschneidert. Man kann sich also fragen, ob das geltende Staatskirchenrecht nicht unter volkskirchlichem Vorbehalt steht. Und wie lautet die Antwort? Jedenfalls können die Privilegien, die das Staatskirchenrecht den Kirchen verleiht, nicht die schwindende Lebenskraft und das schwindende Leben der christlichen Kirchen ersetzen.

Herr Hochwürden

Aber: Dieses Leben ist natürlich nicht verschwunden, selbst im geschwundenen Zustand ist dieses Leben noch größer, vielfältiger und umfassender als in jedem anderen Verband. Sicherlich kann man Gemeinschaft auch anderswo erfahren, sicherlich gibt es Nächstenliebe auch in der Amnesty-Gruppe und im Hospizkreis; und Spiritualität kann einer auch in einer japanischen Tee-Zeremonie erleben. Aber dort fehlt das alles durchdringende Prinzip, das die Kirchen das Göttliche nennen. Kirchen sind Räume; Kirchen sind Organisationen und Institutionen. Dort ist, immer noch, viel Leben, auch Leben in Gemeinschaft, religiöses und soziales Leben. Dort wird geholfen, geheilt, zugehört, dort wird gefeiert – dort wird auch intrigiert, übertrumpft, dort werden andere an die Wand gespielt, dort werden auch unheilige Interessen vertreten, dort wird Vertrauen missbraucht und verraten, dort wird gelogen, dort wird sexuelle Gewalt ausgeübt. Kirche ist fürwahr nicht der Himmel und die wenigsten ihrer Funktionäre sind Heilige. Sie kann aber, wenn es gutgeht, ein Ort sein, an dem der Himmel offen gehalten wird.

Früher hatten die Himmels-Offenhalter das Kennzeichen HH. Bei diesen zwei Buchstaben denkt heute jeder an die Hansestadt Hamburg. Das war früher anders. Zumindest im katholischen Deutschland war H.H. so etwas wie ein Ehrenvorname und ein Ehrentitel eines Geistlichen. Jeder Kaplan, Pfarrer und Dekan war ein H.H., ein „Herr Hochwürden" – Hochwürden Herr Kaplan, Hochwürden Herr Pfarrer, Hochwürden Herr Dekan. So stand es auf den Briefen, die an einen Geistlichen adressiert waren, so stand es in den Lokalnachrichten der Zeitungen. Heute findet man das H.H. in den Todesanzeigen für Priester. Die Jungen kennen das Wort „Hochwürden" noch aus den Filmen mit Don Camillo.

Die zwei Körper der Bischofs

Der Titel „Hochwürden" stammt aus der Zeit, in der die Würde des geistlichen Amtes den Herrn, der dieses Amt bekleidete, emporhob, heiligte und unantastbar machte – und zwar auch dann, wenn dieser Herr ein unangenehmer Mensch, ein grässlicher Sünder oder ein unwürdiger Widerling war – er galt trotzdem als Hochwürden. Diese Zeit ist vorbei. Spätestens seit den sogenannten Missbrauchsskandalen ist es sogar umgekehrt: Die Unwürdigkeit der Person erfasst das Amt, die Gemeinheit des Amtsträgers entehrt die katholische Kirche – erstens, weil es so viele Amtsträger sind, die als unwürdig entlarvt werden, zweitens, weil die Amtskirche so lange weggeschaut hat und drittens, weil lügnerische Figuren wie der zurückgetretene Augsburger Bischof Walter Mixa das Wort Hierarchie zu einem Synonym für Heuchelei machen. Und so sind zahllose untadelige, hochengagierte Seelsorger und Jugenderzieher unter Generalverdacht geraten. Und das ist nichts, was evangelische Christen klammheimlich freuen kann; denn dieser Generalverdacht infiziert alles Kirchliche.

Einstmals schob der gute Katholik, der über einen Pfarrer schimpfte, seiner Schimpferei einen einschränkenden Satz hinterher: „ … die heilige Weihe ausgenommen". Das musste gesagt werden, weil man so deutlich machen konnte, dass trotz aller Empörung gegen den Pfarrer der Respekt vor seinem Amt und der Kirche blieb. Auch in Italien kann man diese Formel da und dort noch hören: „Salvo l'unto", sagt die gläubige Alte, „ausgenommen die Weihe".

Der Satz erinnert an die uralte Lehre von den zwei Körpern des Königs, die Ernst Kantorowicz in seinem berühmten gleichnamigen Werk geschildert hat: Sie schreibt dem König zwei Körper zu: erstens den natürlichen und damit sterblichen Körper, zweitens den übernatürlichen Körper, der, dem der Engel vergleichbar, niemals stirbt. So wurde unterschieden zwischen dem Amt und der konkreten Person, die das Amt ausfüllt. Die konkrete Person konnte ein Kind oder ein Greis sein, todkrank oder debil – das Amt blieb davon unberührt. So war es in der Kirche auch: die Weihe, die Verfasstheit der Kirche, blieb von den Gebrechen unberührt. Das ist vorbei. Es hat ein Prozess der Entweihung der Hierarchie eingesetzt, den die katholische Kirche nur mit Demut beenden und wieder umkehren kann. Dieser könnte ein Gewinn sein für die Ökumene; denn bisher hat der Hochmut der katholischen Kirche ein wirkliches Miteinander mit den lutherischen Kirchen verhindert.

Der Hochmut der katholischen Kirche

Die katholische Kirche steckt in der tiefsten Vertrauenskrise seit 500 Jahren, seit der Reformation. Wenn in dieser neuen Krise eine Chance steckt, dann die: die alte, fünfhundertjährige Spaltung zu überwinden. Es ist ja nicht so, dass einfach ein Mönch aus Wittenberg die Kirche, die eine, heilige, gespalten hätte. Sie wurde gespalten auch von der Hybris des römischen Katholizismus, von ihrem dogmatischen Stolz und von ihrem feierlichen Anspruch, die einzig wahre Kirche zu sein. Bis heute lehrt der Vatikan, die evangelischen Kirchen seien überhaupt keine Kirchen im eigentlichen Sinn. Sie allein, die römisch-katholische Kirche,

sei die eigentliche Kirche. Daraus wiederum leiten viele evangelische Christen ihr eigenes Profil und ihr Selbstverständnis, ihr
Eigentliches ab: in der Anti-Papst-Haltung.

Und so rührt die Kirchenspaltung nach einem halben Jahr-
tausend daher, weil in der Konkurrenz der Kirchen der Blick auf
das wirklich Eigentliche verlorengegangen ist: Die Kirche ist der
Ort, an dem der Himmel offen ist – nicht nur für die, die sich in
der angeblich richtigen und wahren Kirche wähnen, sondern für
alle, die an Gott glauben, und für alle, denen der offene Himmel
lebenswichtig ist.

Erschienen am 12.05.2010

Heribert Prantl

Alt. Amen.
Anfang.
Neue Denkanstöße

Taschenbuch.
www.ullstein-buchverlage.de

Neue Denkanstöße über das Altern

Kinder sind unsere Zukunft – das hört man in der Politik jeden Tag. Doch auch das Alter ist unsere Zukunft. Menschen, die ein Leben lang geackert haben und es jetzt nicht mehr können, gelten häufig als Infragestellung dessen, was für normal gehalten wird: Leistung, Fitness, Produktivität. Ein System aber, das nicht in der Lage ist, sich um die Alten zu kümmern, ist selber dement. Der Respekt vor den Kindern und der Respekt vor den Alten gehört zusammen. Gehört es nicht zu diesem Respekt, dass Alte auch in Ruhe alt, auch sehr alt, werden dürfen?

Heribert Prantl

Kindheit.
Erste Heimat

Gedanken, die die Angst
vertreiben

Taschenbuch.
www.ullstein-buchverlage.de

Denkanstöße zu den großen Fragen des Lebens

Eine gute Familie muss keine heilige Familie sein. Aber
Familie sollte ein Ort sein, der Sicherheit, Schutz und
Nähe gibt: Jeder Ort, an dem Kinder das erfahren, ist
Familie. Eine gute Kindheit ist eine Kindheit, die getragen wird von der antiautoritären Autorität des Her-
zens. Eine gute Kindheit ist eine Kindheit, in der Kinder
möglichst wenig Angst haben müssen. Es ist ein Glück
für ein Kind, wenn es mit Geschichten aufwächst, die
Angst vertreiben und Neugier wecken.

Heribert Prantl

Im Namen der Menschlichkeit

Rettet die Flüchtlinge!

Auch als E-Book erhältlich.
www.ullstein-buchverlage.de

»Es ist Zeit, die Globalisierung der Gleichgültigkeit zu beenden.«

Menschen fliehen, weil in ihrer Heimat die Hölle los ist. Und Europa schützt seine Grenzen, aber nicht die Flüchtlinge. Das Mittelmeer ist ein Friedhof geworden. Heribert Prantl hat ein leidenschaftliches Plädoyer geschrieben – gegen die Abschottung Europas und für ein radikales Umdenken in der Flüchtlings- und Einwanderungspolitik.

ullstein

Asfa-Wossen Asserate

Die neue Völkerwanderung

Wer Europa bewahren will,
muss Afrika retten

Komplett überarbeitete Neuausgabe.
Taschenbuch.
Auch als E-Book erhältlich.
www.ullstein-buchverlage.de

Afrikas Hoffnung verlässt den Kontinent

Prinz Asfa-Wossen Asserate, einer der besten Kenner
des afrikanischen Kontinents, schildert die Ursachen
der Massenflucht aus Afrika und appelliert an die europäischen Staaten, ihre Politik gegenüber dem Nach-
barkontinent grundlegend zu ändern. Andernfalls
werden bald nicht Tausende, sondern Millionen von
Menschen auf der Flucht sein. Und dann wird diese
größte Herausforderung Europas im 21. Jahrhundert
in einer Katastrophe enden – für Afrika und Europa.

Peter Scholl-Latour

Die Welt aus den Fugen

Betrachtungen zu den Wirren der Gegenwart

Taschenbuch.
Auch als E-Book erhältlich.
www.ullstein-buchverlage.de

Die Weltpolitik gleicht derzeit einem aufziehenden Gewittersturm. Ob in Schwarzafrika oder Lateinamerika, in Arabien oder im Mittleren Osten – überall braut sich Unheilvolles zusammen. Und auch Europa und die USA, einst Hort der Stabilität, werden von Krisen heimgesucht wie seit langem nicht. Peter Scholl-Latour kennt die Welt wie kein Zweiter. Vor dem Hintergrund seiner sechzigjährigen Erfahrung als Chronist des Weltgeschehens beleuchtet er die Brennpunkte der aktuellen Weltpolitik.

> »Peter Scholl-Latour versteht es, mit Worten zu malen.
> Eines seiner besten Bücher.«
> Hans-Dietrich Genscher

> »Man kann nach dem erfahrungssatten Erzählton
> Peter Scholl-Latours süchtig werden.«
> Denis Scheck

ullstein

Peter Scholl-Latour

Zwischen den Fronten

Erlebte Weltgeschichte.
Mit zahlreichen Abbildungen

ISBN 978-3-548-37234-1
www.ullstein-buchverlage.de

Peter Scholl-Latour kennt die Welt wie kein Zweiter. Was ihn auszeichnet und seinen beispiellosen Erfolg begründet, sind die fast sechzigjährige Erfahrung als Chronist des Weltgeschehens, die profunde Kenntnis der Kulturen unserer Erde und die visionäre Kraft, mit der er kommende Entwicklungen heraufzubeschwören vermag. Jüngste Reisen nach China und Russland, in die USA und in den Nahen und Mittleren Osten nimmt Peter Scholl-Latour zum Ausgangspunkt, um die dramatischen Verschiebungen des weltweiten Machtgefüges zu schildern, deren Zeugen wir sind.

»Auf ganz unpolitologische Weise kommen scharfe politische Analysen zustande, die sich so spannend wie ein Abenteuerbericht lesen.« *FAZ*

US311